Re-Individualisierung der Arbeitsbeziehungen –
Fraktalisierung der Betriebe?

Schriftenreihe
der Otto Brenner Stiftung 68

Re-Individualisierung der Arbeitsbeziehungen – Fraktalisierung der Betriebe?

Dokumentation eines Gesprächs
der Otto Brenner Stiftung
(Frankfurt am Main, 6. Dezember 1996)

Bund-Verlag

Die Deutsche Bibliothek – CIP-Einheitsaufnahme

Re-Individualisierung der Arbeitswelt – Fraktalisierung der Betriebe? ;
Dokumentation eines Gesprächs der Otto Brenner Stiftung
(Frankfurt am Main, 6. Dezember 1996). – Frankfurt am Main : Bund-Verl., 1997
(Schriftenreihe der Otto-Brenner-Stiftung ; 68)
ISBN 3-7663-2868-9
NE: Otto-Brenner-Stiftung: Schriftenreihe der Otto-Brenner-Stiftung

© 1997 by Bund-Verlag GmbH, Frankfurt am Main
Satz: Libro, Kriftel
Druck: Wagner GmbH, Nördlingen
Printed in Germany 1997
ISBN 3-7663-2868-9

Alle Rechte vorbehalten, insbesondere die des
öffentlichen Vortrags, der Rundfunksendung und
der Fernsehausstrahlung, der fotomechanischen
Wiedergabe, auch einzelner Teile.

Vorwort

Das vierte Gespräch der Otto Brenner Stiftung über Grundprobleme der Arbeitsverfassung, am 6. Dezember 1996, befaßte sich mit dem Thema »Re-Individualisierung der Arbeitsbeziehungen?«. Es knüpft damit an das vorangegangene Gespräch an, dessen Thema die Zukunft des Flächentarifvertrages war.

Im Mittelpunkt des Gesprächs von 1996 stand das Verhältnis von Arbeitsvertrag und Tarifvertrag und damit erneut, wenn auch mit anderer Akzentuierung, Bedeutung und Reichweite des Günstigkeitsprinzips.

Die Otto Brenner Stiftung dankt den Referenten, Prof. Dr. Ulrike Wendeling-Schröder und Prof. Dr. Abbo Junker, für ihre Anstöße zur Diskussion und den Diskussionsteilnehmern für ihre weiterführenden Beiträge. Sie dankt bei dieser Gelegenheit insbesondere auch ihrem früheren Geschäftsführer, Prof. Dr. Michael Kittner, für die Moderation dieses Gesprächs und die Initiative zu diesem Vorhaben insgesamt.

Frankfurt am Main, im September 1997

Dr. Michael Blank
Geschäftsführer der Otto Brenner Stiftung

Inhalt

Vorwort 5

Referate 9

Abbo Junker
Die Individualisierung der Arbeitsbeziehungen 11

Ulrike Wendeling-Schröder
Re-Individualisierung der Arbeitsbeziehungen? 59

Diskussionsbeiträge 79

Referate

Abbo Junker
Die Individualisierung der Arbeitsbeziehungen

»Ein charakteristischer Zug des Arbeitsrechts ist die Wendung vom Individualrecht zum Kollektivrecht. Gerade der Übergang zum Kollektivrecht hat sehr wesentlich dazu beigetragen, dem Arbeitsrecht seine Stellung als selbständige Sonderdisziplin zu verschaffen.«[1] Das kollektive Element ist mehr als »nur eine besondere Form des Schutzes des einzelnen Arbeitnehmers« (Alfred Hueck)[2]. Für die herrschende Lehre markiert der November 1918 den Beginn und der April 1946 die Erneuerung einer »Epoche des kollektiven Arbeitsrechts«[3], die Arthur Nikisch wie folgt beschreibt: »Das kollektive Arbeitsrecht sieht den Arbeitnehmer als Mitglied der Betriebsbelegschaft oder als Angehörigen seiner sozialen Gruppe, die sich in den Gewerkschaften organisiert hat. Seitdem das positive Recht den Betrieb und seine Verfassung, die Vereinigungen der Arbeitnehmer und der Arbeitgeber und ihr Wirken in die gesetzliche Ordnung des Arbeitslebens einbezogen und in den Dienst dieser Ordnung gestellt hat, ist unser Arbeitsrecht von Grund aus umgestaltet worden. Hatte man früher die Stellung des Arbeitnehmers nur im Verhältnis zu seinem Arbeitgeber, also rein individualistisch geregelt, so könnte es jetzt scheinen, als gehe der Einzelne ganz in einem Kollektiv auf und als komme es nur darauf an, diesen Gruppen die ihnen gebührende Stellung im Arbeitsleben zuzuweisen. ...

Da die Stellung des einzelnen Arbeitnehmers durch das kollektive Arbeitsrecht ganz wesentlich verbessert worden ist, müssen die Opfer, die vom Individuum im Interesse seiner Gruppe verlangt werden, in Kauf genommen werden.«[4]

Keine Frage: der Begriff des Kollektivs, der nach den Umwälzungen

---

1 *Hueck/Nipperdey*, Arbeitsrecht I (7. Aufl. 1963), § 7 V (S. 29).
2 So noch *Hueck/Nipperdey*, a.a.O. (Fn. 1), § 7 VI (S. 29–30). Zurückhaltend auch *Söllner*, Grundriß des Arbeitsrechts (11. Aufl. 1994), § 5 II (S. 32–33).
3 *Nikisch*, Arbeitsrecht I (3. Aufl. 1961), § 3 I 1 (S. 20), § 4 II 2 (S. 28). Umfassend Knut Wolfgang Nörr, Zwischen den Mühlsteinen – Eine Privatrechtsgeschichte der Weimarer Republik (1988), § 29 (S. 177–221).
4 *Nikisch*, a.a.O. (Fn. 3), § 5 I 5 (S. 33–34).

des Jahres 1989 aus dem deutschen Wirtschaftsleben fast vollständig verschwunden ist, ist im Arbeitsleben nach wie vor positiv besetzt. Das kraftvolle Bild vom zweiseitig (!) kollektiven Wesen des Arbeitskampfes stellt die gedankliche Grundlage des heutigen Arbeitskampfrechts dar[5]. Wer das Arbeitsrecht als Wahlfach studieren möchte, darf sich an manchen deutschen Universitäten auf das kollektive Arbeitsrecht beschränken. Vor diesem Hintergrund muß es als Abkehr von überkommenen (»bewährten«) Denkmustern, wenn nicht gar als Negation der ganzen Rechtsmaterie »Arbeitsrecht« erscheinen, die Individualisierung der Arbeitsbeziehungen zu thematisieren, ohne wenigstens durch ein Fragezeichen dem Mißvergnügen über eine solche Entwicklung Ausdruck zu verleihen. Wer dem einzelnen Arbeitnehmer mehr verbands- und betriebsratsfreie Gestaltung seiner Rechtsbeziehungen einräumen möchte, erscheint leicht als unerfahrener Candide, der – ideologisch fehlgeleitet – durch die deutschen Lande stolpert (»avec toute la bonne foi de son âge et de son caractère«), dessen Optimismus nur seine Naivität offenbart und der als Ketzer ein ordentliches Autodafé verdient hat[6].

Mann kann die Dinge freilich auch anders sehen: Das semantische Gegenstück zur »Individualisierung« ist die »Kollektivierung« – eine Bezeichnung, die die Individualisierung in einem wesentlich günstigeren Licht erscheinen läßt. In diesem Licht betrachtet beschreibt das kollektive Arbeitsrecht einen Zustand, in welchem dem einzelnen Menschen Regeln aufgegeben werden, die er nicht allein, sondern nur als Mitglied einer Gruppe beeinflussen kann. Die Individualisierung der Arbeitsbeziehungen beschreibt demgegenüber einen Prozeß, der darauf abzielt, dem Willen und den Interessen der Vertragsparteien zum Durchbruch zu verhelfen:

»Es kommt darauf an, ein Leben zu finden, das weder Bürokratie noch Selbstausbeutung heißt. Im Idealfall bringt das die Berufstätigkeit«[7] (Ralf Dahrendorf). Es geht also nicht um eine Re-Individualisierung im Sinne einer Rückkehr zu einem archaischen Zustand der

---

[5] *Bulla*, Das zweiseitig kollektive Wesen des Arbeitskampfes, Festschrift Nipperdey I (1955), S. 163–192. Weniger aufgeschlossen gegenüber dem Wesensargument *Scheuerle*, Das Wesen des Wesens, AcP 163 (1963), 431.
[6] »Le spectacle de quelques personnes brûlées à petit feu, en grande cérémonie, est un secret infaillible pour empêcher la terre de trembler«: *Candide ou l'optimisme*, in: *Voltaire*, Romans et contes, Ed. Garnier-Flammarion (1966), p. 169 (190).
[7] *Dahrendorf*, Der moderne soziale Konflikt – Essay zur Politik der Freiheit (1992), S. 272.

Arbeitsbeziehungen, in welchem der Anbieter der Arbeitsleistung dem Nachfrager vereinzelt und ungeschützt gegenüberstand, freigegeben zu beliebiger Ausbeutung. Es geht vielmehr um eine neuartige Form der Individualisierung, die den Möglichkeiten und Gegebenheiten der modernen Dienstleistungsgesellschaft durch erweiterte Freiräume Rechnung trägt. Diese Form der Individualisierung hängt untrennbar zusammen mit der Privatautonomie: Wie die Individualethik den Willen und die Interessen des Einzelnen in den Vordergrund rückt, soll die Vertragsfreiheit die »personale Entfaltung des arbeitenden Menschen«[8] gewährleisten.

These 1: Die Privatautonomie bildet einen tragenden Pfeiler der deutschen Rechtsordnung. Das Grundgesetz garantiert dem einzelnen Arbeitnehmer die Freiheit, seine Angelegenheiten unabhängig vom Staat und von den Verbänden eigenverantwortlich zu regeln. Nicht das Kollektiv, sondern das Individuum ist das Leitbild der Verfassung.

Die (individuelle) Vertragsfreiheit ist in der Bundesrepublik Deutschland als Ausprägung der allgemeinen Handlungsfreiheit nach Art. 2 Abs. 1 GG in den Schranken der verfassungsmäßigen Ordnung geschützt[9], soweit sie nicht schon durch besondere Grundrechtsbestimmungen gewährleistet wird[10].

Die Vertragsfreiheit gibt dem Einzelnen das Recht, seine rechtlichen Beziehungen »in seinem Sinne zu gestalten«[11], Art. 2 Abs. 1 GG gewährleistet die Privatautonomie als »Selbstbestimmung des Einzelnen im Rechtsleben«[12]. Für den Stellenwert der (individuellen) Vertragsfreiheit ist es nicht entscheidend, ob die Privatautonomie – wie es für die Tarifautonomie angenommen wird[13] – als der Rechtsordnung voraus-

---

8 BVerfG vom 7. 2. 1990 – 1 BvR 26/84, BVerfGE 81, 242, 254 (Handelsvertreter-Entscheidung).
9 BVerfG vom 4. 5. 1982 – 1 BvL 26/77 u. a., BVerfGE 60, 329, 339 (Versorgungsausgleich); BVerfG vom 23. 4. 1986 – 2 BvR 487/80, BVerfGE 73, 261, 270 (Hausbrandkohle-Fall); BVerfG vom 13. 5. 1986 – 1 BvR 1542/84, BVerfGE 72, 155, 170 (elterliches Sorgerecht); BVerfG vom 25. 5. 1993 – 1 BvR 1509/91 u. a., BVerfGE 88, 384, 403 (Zinsanpassungsgesetz).
10 BVerfG vom 12. 11. 1958 – 2 BvL 4/56 u. a., BVerfGE 8, 274, 328 (Preisgesetz); BVerfG vom 16. 5. 1961 – 2 BvF 1/60, BVerfGE 12, 341, 347 (Umsatzsteuer-Durchführungsbestimmungen); BVerfG vom 4. 6. 1985 – 1 BvL 12/84, BVerfGE 70, 115, 123 (AGB-Gesetz).
11 BVerfG vom 19. 10. 1983 – 2 BvR 298/81, BVerfGE 65, 196, 211 (Unterstützungskasse).
12 BVerfG vom 19. 10. 1993 – 1 BvR 567/89, BVerfGE 89, 214, 231 (Bürgschafts-Entscheidung).
13 Kritisch *Isensee*, Die verfassungsrechtliche Verankerung der Tarifautonomie, in: Walter-Raymond-Stiftung (Hrsg.), Die Zukunft der sozialen Partnerschaft (1986), S. 159 (159, 162).

liegend anzusehen ist, oder ob die Privatautonomie erst durch die Verfassung gewährt wird. Selbst wenn man eine »ungeschriebene, von allseitigem Konsens getragene Verfassungsnorm, daß Tarifautonomie sein soll«[14], vorfinden würde, die Privatautonomie dagegen als erst durch die Rechtsordnung konstituiert anzusehen hätte, ließe sich aus diesem konstruktiven Befund schwerlich die Überlegenheit des Kollektivrechts »Tarifautonomie« über das Individualrecht »Privatautonomie« ableiten.

Das Recht des Einzelnen, seine rechtlichen Beziehungen ohne staatliche oder verbandliche Bevormundung in seinem Sinne zu gestalten, entspricht dem Menschenbild des Grundgesetzes. Ein Landesarbeitsgericht, das kürzlich über die Wirksamkeit eines arbeitsrechtlichen Aufhebungsvertrages zu entscheiden hatte[15], hat zur Begründung das – jüngst wieder in die Kritik geratene[16] – KPD-Urteil herangezogen, das sich zur Würde des Menschen in der freiheitlichen Demokratie wie folgt äußert: »Der Mensch ist eine mit der Fähigkeit zu eigenverantwortlicher Lebensgestaltung begabte Persönlichkeit. Er wird als fähig angesehen, und es wird ihm demgemäß abgefordert, seine Interessen und Ideen mit denen der anderen auszugleichen.«[17] Das BVerfG hat in seinen frühen Entscheidungen den Dreiklang der Würde, der Eigenständigkeit und der Selbstverantwortlichkeit der Person geprägt[18]. Für den Arbeitnehmer findet die durch Art. 2 Abs. 1 GG grundrechtlich gesicherte individuelle Vertragsfreiheit eine spezielle Ausprägung in der – durch Art. 12 Abs. 1 GG garantierten – beruflichen Handlungsfreiheit[19].

»Berufliche Tätigkeit, für die Art. 12 Abs. 1 GG den erforderlichen Freiraum gewährleistet, dient nicht nur der personalen Entfaltung des arbeitenden Menschen in der Gesellschaft; den meisten Bürgern gewährleistet sie vor allem die Möglichkeit, sich eine wirtschaftliche Grundlage ihrer Existenz zu schaffen. Dazu ist es regelmäßig erforder-

---

14 *Gamillscheg*, Die Grundrechte im Arbeitsrecht (1989), S. 99.
15 LAG Mecklenburg-Vorpommern vom 6. 7. 1995 – 1 Sa 629/94, NZA 1996, 535, 538
16 Vgl. die Äußerung der Präsidentin des BVerfG, *Limbach*, sie hätte den Verbotsantrag abgelehnt, wiedergegeben nach Frankfurter Allgemeine Zeitung (FAZ) vom 20. 8. 1996, S. 1 Sp. 5.
17 BVerfG vom 17. 8. 1956 – 1 BvB 2/51, BVerfGE 5, 85, 204 (KPD-Urteil).
18 BVerfG vom 16. 1. 1957 – 1 BvR 253/56, BVerGE 6, 32, 40 (Reisepaß); BVerfG vom 12. 11. 1958 – 2 BvL 4/56 u. a., BVerfGE 8, 274, 329 (Preisgesetz).
19 Vgl. auch BVerfG vom 19. 10. 1993 – 1 BvR 567/89, BVerfGE 89, 214 (Bürgschafts-Entscheidung).

lich, Bindungen auf Zeit oder auf Dauer einzugehen. Im Rahmen des Zivilrechts geschieht das typischerweise durch Verträge, in denen sich beide Vertragsteile wechselseitig in ihrer beruflichen Handlungsfreiheit beschränken, und zwar im Austausch mit der ausbedungenen Gegenleistung. Auf der Grundlage der Privatautonomie, die Strukturelement einer freiheitlichen Gesellschaftsordnung ist, gestalten die Vertragspartner ihre Rechtsbeziehungen eigenverantwortlich. Sie bestimmten selbst, wie ihre gegenläufigen Interessen angemessen auszugleichen sind, und verfügen damit zugleich über ihre grundrechtlich geschützten Positionen ohne staatlichen Zwang. Der Staat hat die im Rahmen der Privatrechtsordnung getroffenen Regelungen grundsätzlich zu respektieren.«[20]

Das Verhältnis des Individualgrundrechts aus Art. 2 Abs. 1, 12 Abs. 1 GG zum Koalitionsgrundrecht aus Art. 9 Abs. 3 GG ist keineswegs ein Verhältnis der Unterordnung der Privatautonomie unter die Tarifautonomie. Die Redeweise von der Tarifautonomie als »gleichsam auf eine höhere Ebene gehobene Privatautonomie«[21] bedeutet nicht, daß die kollektive Vertragsfreiheit (Tarifautonomie) eine größere Dignität besitzt als die individuelle Vertragsfreiheit (Privatautonomie). Vielmehr herrscht negative Koalitionsfreiheit[22]. Die Tarifparteien dürfen Individualnormen (Inhalts-, Abschluß- und Beendigungsnormen) vereinbaren; ob diese Regelungen eine praktische Relevanz bekommen, bestimmen die einzelnen Arbeitnehmer und Arbeitgeber durch Beitritt zur Koalition oder Fernbleiben von der Koalition. Die Tarifnormen, die den Inhalt, den Abschluß oder die Beendigung von Arbeitsverhältnissen ordnen, erhalten ihre normative Wirkung im einzelnen Arbeitsverhältnis erst durch den Beitritt zu einer der Tarifparteien, also durch einen Akt der individuellen Vertragsfreiheit (Vereinigungsfreiheit)[23]. Die Beschlüsse des BVerfG zur Allgemeinverbindlicherklärung belegen, welcher argumentative Aufwand erforderlich ist, um die Geltung von

---

20 BVerfG vom 7. 2. 1990 – 1 BvR 26/84, BVerfGE 81, 242, 252 – Handelsvertreter-Entscheidung.
21 Kritisch *Söllner*, a.a.O. (Fn. 2), § 15 II 3 a, dd (S. 123).
22 BVerfG vom 1. 3. 1979 – 1 BvR 532/77 u. a., BVerfGE 50,290, 367 (Mitbestimmungsurteil); BVerfG vom 15. 7. 1980 – 1 BvR 24/74 u. a., BVerfGE 55, 7, 21 (Allgemeinverbindlichkeit).
23 *Scholz*, Koalitionsfreiheit, in: *Isensee/Kirchhof* (Hrsg.), Handbuch des Staatsrechts der Bundesrepublik Deutschland, Bd. VI: Freiheitsrechte (1989), § 151 Rdnr. 86.

Tarifnormen für Außenseiter zu begründen[24]; die Nichtgeltung von Tarifnormen für den Außenseiter zu begründen, ist demgegenüber ganz einfach[25].

Abhandlungen arbeitsrechtlichen Inhalts tun häufig so, als sei die Mehrzahl der Arbeitsbeziehungen durch kollektive Regelungen in Tarifverträgen determiniert. Das ist aus rechtlicher Sicht eine bequeme Vereinfachung. In der Mehrzahl der Unternehmen ist nur eine Minderheit der Arbeitnehmer gewerkschaftlich organisiert; für die Mehrheit der Arbeitnehmer bleibt es bei der – durch kein wie auch immer verstandenes Günstigkeitsprinzip eingeschränkten – individuellen Vertragsfreiheit. Von dieser Gestaltungsfreiheit wird, wie die Fälle Viessmann[26], Burda[27] und viele andere mehr zeigen, in steigendem Maße Gebrauch gemacht[28]. Erstaunlich ist nicht so sehr, daß eine wachsende Zahl von Arbeitnehmern die Vereinbarung »untertariflicher« Arbeitsbedingungen als vorteilhaft erachtet, wenn sie sich davon eine größere Sicherheit des Arbeitsplatzes erhoffen kann; erstaunlich ist vielmehr, welches Maß an gesellschaftlicher Akzeptanz und öffentlicher Billigung dieses Verhalten in jüngster Zeit findet. Auf die Individualisierung der Arbeitsbeziehungen durch Außenseiterkonkurrenz wird zurückzukommen sein[29]. An dieser Stelle sei nur der Hinweis gewagt, daß es sich bei den legalen Formen der abschätzig so genannten Tarifflucht um Grundrechtsbetätigung handelt[30].

Das Verhältnis von individueller Vertragsfreiheit und Tarifautonomie droht freilich in der neueren Rechtsprechung höchster deutscher Gerichte ins Rutschen zu geraten: Die Privatautonomie findet sich vor Gericht zunehmend auf einer schiefen Ebene wieder. Die Rechtspre-

---

24 BVerfG vom 24. 5. 1977 – 2 BvL 11/74, BVerfGE 44, 322, 340 ff.; BVerfG vom 15. 7. 1980 – 1 BvR 24/74 u. a., BVerfGE 55, 7, 20 ff.
25 *Singer*, Tarifvertragliche Normenkontrolle am Maßstab der Grundrechte?, ZfA 1995, 611 (627); MünchArbR-*Löwisch*, Bd. 3 (1993), § 238 Rdnrn. 61, 62 (auch zu § 3 Abs. 3 TVG).
26 ArbG Marburg vom 7. 8. 1996 – I BV 6/96, DB 1996, 1925.
27 Dazu *Hensche*, Tarifflucht in juristischen Formen, AuR 1996, 331, 332.
28 *Heinze*, Gibt es eine Alternative zur Tarifautonomie? – Thesen zur aktuellen Diskussion, DB 1996, 729 (733–734); *Reuter*, Das Verhältnis von Individualautonomie, Betriebsautonomie und Tarifautonomie, RdA 1991, 193 (202–203). Kritisch *Kittner*, Angriffe auf das Tarifvertragssystem, AiB 1995, 158–161.
29 Einer der Protagonisten dieser Entwicklung ist *Reuter*, RdA 1991, 193 (202); ferner *Richardi*, Kollektivgewalt und Individualwille bei der Gestaltung des Arbeitsverhältnisses (1968), S. 225, 236.
30 *Rieble*, Krise des Flächentarifvertrages?, RdA 1996, 151 (154–155).

chung hat in letzter Zeit die Tendenz, die Privatautonomie kleinzureden und ihre Schranken zu betonen. In demselben Maße, in welchem die Vertragsfreiheit des Einzelnen der richterlichen Kontrolle unterworfen wird, muß die Bedeutung des kollektiven Arbeitsrechts als Gestaltungsfaktor der Arbeitsbedingungen wachsen: So wird beispielsweise viel Aufhebens um den arbeitsrechtlichen Aufhebungsvertrag gemacht, wobei manchem Autor bereits mißfällt, daß der Aufhebungsvertrag – anders als die arbeitgeberseitige Kündigung – nicht der Beteiligung des Kollektivorgans Betriebsrat unterliegt[31]. Ferner wird auf den Umstand hingewiesen, daß bestehende Tarifverträge den Abschluß arbeitsrechtlicher Aufhebungsverträge beschränken, und erwogen, ob nicht ganz allgemein solche Beschränkungen einzuführen wären[32]. Da der Gesetzgeber diese Konsequenz nicht ziehen wird, wäre das Bundesarbeitsgericht aufgefordert, zur richterrechtlichen Umsetzung zu schreiten[33]. Auch darauf ist zurückzukommen. An dieser Stelle sei nur darauf aufmerksam gemacht, daß zwischen individueller Vertragsfreiheit und tariflicher Regelungsmacht ein Verhältnis kommunizierender Röhren besteht: Jede Einschränkung der individuellen Vertragsfreiheit durch die Judikative stabilisiert mittelbar die Macht der Koalitionen, weil angesichts des beklagenswerten Zustandes der Legislative die Tarifparteien das Vakuum füllen müssen.

These 2: Es ist unbestreitbar, daß die Privatautonomie ein hinreichendes Maß an Entscheidungsfreiheit voraussetzt. Die richterliche Kontrolle der individuellen Vertragsfreiheit bedarf jedoch der Rechtfertigung im Einzelfall. Es geht nicht an, die Privatautonomie unter einen »Grundverdacht der Fehlfunktion« zu stellen.

Alexander Hamilton (1755–1804) nannte die Judikative »the least dangerous branch of government«. Die deutsche Gerichtsbarkeit hat er damit nicht gemeint. Auf dem Feld der Privatautonomie hat sich die Rechtsprechung in den letzten Jahren zu einer Ordnungsmacht allerersten Ranges entwickelt. Das gilt vor allem für das Bundesverfassungsgericht, das mit der Bürgschafts-Entscheidung[34] nach Ansicht von

---

31 *Käppeler*, Der Aufhebungsvertrag – wirklich ein mitbestimmungsfreier Raum?, AuR 1996, 263–266.
32 *Dieterich*, Grundgesetz und Privatautonomie im Arbeitsrecht, RdA 1995, 129 (135).
33 Was das BAG allerdings jüngst abgelehnt hat: BAG vom 14. 2. 1996 – 2 AZR 234/95, EzA § 611 BGB Aufhebungsvertrag Nr. 21.
34 BVerfG vom 19. 10. 1993 – 1 BvR 567/89, BVerfGE 89, 214 (Bürgschafts-Entscheidung).

Staatsrechtslehrern weit, möglicherweise sogar zu weit in die Stellung der Fachgerichte nach dem Grundgesetz eingegriffen hat[35]:
»Das Bundesverfassungsgericht will als Atlas die ganze Rechtswelt auf seinen Schultern tragen und überhebt sich.«[36] Die Bürgschafts-Entscheidung trifft zwei Kernaussagen, die in ihrer Kombination einen Paradigmenwechsel von der Freiheit zur Bindung andeuten.

Erstens: Die Vertragsfreiheit tauge »nur im Falle eines annähernd ausgewogenen Kräfteverhältnisses der Partner als Mittel eines angemessenen Interessenausgleichs«.

Zweitens: »Der Ausgleich gestörter Vertragsparität [gehört] zu den Hauptaufgaben des geltenden Zivilrechts.«[37] Diese Ausführungen, die im Entscheidungsfall auf das allgemeine Zivilrecht gemünzt sind, werden im Arbeitsrecht begierig aufgegriffen, sind sie doch geeignet, nicht nur den status quo der arbeitsrechtlichen Vertragsfreiheit – etwa bei Aufhebungsverträgen – zu unterminieren[38], sondern auch legale, aber früher wenig gebräuchliche Lockerungsübungen durch individualvertragliche Außenseiterkonkurrenz à la Viessmann und Burda zu unterbinden[39].

Unbestreitbar richtig der Ausgangspunkt des BVerfG, daß die Privatautonomie – wie jedes Recht – notwendigerweise begrenzt ist[40]: »Daß die Vertragsfreiheit ebenso wie jede andere Freiheit Grenzen hat und haben muß, ist eine Selbstverständlichkeit, die keiner näheren Erörterung bedarf.«[41] Aus einer Vielzahl zivilrechtlicher Bestimmungen läßt sich weiter ableiten, daß die Privatautonomie ein hinreichendes Maß an Entscheidungsfreiheit der Partner erfordert. Zweifelhaft ist jedoch be-

---

35 *Starck*, Verfassungsgerichtsbarkeit und Fachgerichte, JZ 1996, 1033 (1038, 1040). Zur Rezeption dieses Beitrages: *Stüer*, 61. Deutscher Juristentag in Karlsruhe, DVBl. 1996, 1243, 1245.
36 *Isensee*, Karlsruhe ist nicht mehr unangreifbar – Das Bundesverfassungsgericht als eine leise bröckelnde Säule des Verfassungsstaats, FAZ vom 26. 9. 1996, S. 13 Sp. 6. Zu einem weiteren Aspekt der Kritik: *Rüthers*, Krieg der roten Richter? JZ 1996, 784–785.
37 BVerfG vom 19. 10. 1993 – 1 BvR 567/89, BVerfGE 89, 214, 233 (Bürgschafts-Entscheidung) unter Hinweis auf *Limbach*, Das Rechtsverständnis in der Vertragslehre, JuS 1985, 10–15.
38 *Bengelsdorf*, Arbeitsrechtlicher Aufhebungsvertrag und gestörte Vertragsparität, BB 1995, 978–984.
39 Bezeichnend ArbG Marburg vom 7. 8. 1996 – 1 BV 6/96, DB 1996, 1925, 1927 (unzulässige Überforderung der Arbeitnehmer).
40 BVerfG vom 19. 10. 1993 – 1 BvR 567/89, BVerfGE 89, 214, 231 (Bürgschafts-Entscheidung).
41 *Grunsky*, Vertragsfreiheit und Kräftegleichgewicht – Vortrag, gehalten vor der Juristischen Gesellschaft zu Berlin (1995), S. 5.

reits, ob die Privatautonomie stets und notwendigerweise die Selbstbestimmung voraussetzt, und ob die Selbstbestimmung das Gleichgewicht der Vertragspartner – in welcher Hinsicht auch immer[42] – verlangt[43]. Für die Arbeitsbeziehungen mögen diese Zweifel auf sich beruhen: Anders als im allgemeinen Zivilrecht steht im Arbeitsrecht weniger die Frage nach dem »Ob« der Einschränkungen und ihrer Begründung im Vordergrund als vielmehr die Frage nach dem Umfang des Marktversagens und – damit verbunden – nach dem notwendigen Maß der Freiheitsbeschränkung. Es spricht viel dafür, daß ein wirtschaftliches Kräftegleichgewicht zwischen den Vertragsparteien zur Wahrnehmung einer selbstbestimmten Vertragsfreiheit solange nicht erforderlich ist, als ein funktionierender Markt besteht[44]. Bedenklich ist daher die bekannte Sentenz der Handelsvertreter-Entscheidung, die den Zusammenhang von Privatautonomie, Selbstbestimmung und Gleichgewichtslage herstellt:

»Schranken [der Vertragsfreiheit] sind unentbehrlich, weil Privatautonomie auf dem Prinzip der Selbstbestimmung beruht, also voraussetzt, daß auch die Bedingungen freier Selbstbestimmung tatsächlich gegeben sind. Hat einer der Vertragsteile ein so starkes Übergewicht, daß er vertragliche Regelungen faktisch einseitig setzen kann, bewirkt dies für den anderen Vertragsteil Fremdbestimmung. Wo es an einem annähernden Kräftegleichgewicht der Beteiligten fehlt, ist mit den Mitteln des Vertragsrechts allein kein sachgerechter Ausgleich der Interessen zu gewährleisten. Wenn bei einer solchen Sachlage über grundrechtlich verbürgte Positionen verfügt wird, müssen staatliche Regelungen ausgleichend eingreifen, um den Grundrechtsschutz zu sichern.«[45]

Der Bürgschafts-Entscheidung ist weitergehend die Tendenz zu entnehmen, die Privatautonomie – wie Zöllner formuliert – unter einen »Grundverdacht der Fehlfunktion« zu stellen[46]. Solche Tendenzen sind für unser Thema von zentraler Bedeutung: Wenn sie berechtigt sind, ist einer Individualisierung der Arbeitsbeziehungen der rechtliche Boden

---

42 Die Alternativen nennt *Wiedemann*, JZ 1990, 695 (697 r. Sp.).
43 Verneinend *Zöllner*, Regelungsspielräume im Schuldvertragsrecht – Bemerkungen zur Grundrechtsanwendung im Privatrecht und zu den sogenannten Ungleichgewichtslagen, AcP 196 (1996), 1 (25–30, 35).
44 *Grunsky*, a.a.O. (Fn. 41), S. 18. Weitergehend, aber Einschränkungen der Vertragsfreiheit im Arbeitsrecht aus dem Dauerschuldcharakter herleitend *Zöllner*, AcP 196 (1996), 1 (34).
45 BVerfG vom 7. 2. 1990 – 1 BvR 26/84, BVerfGE 81, 242, 255 (Handelsvertreter-Entscheidung).
46 *Zöllner*, AcP 196 (1996), 1 (2).

weitgehend entzogen. Die Trendwende der Bürgschafts-Entscheidung ergibt sich aus einem Vergleich mit früheren Judikaten: Einer langen Reihe von Entscheidungen des BVerfG, beginnend im Jahre 1958[47] und endend im Jahre 1986[48], durfte das lesende Publikum entnehmen, daß Art. 2 Abs. 1 GG die Vertragsfreiheit gerade auch gegenüber dem freiheitsbeschränkenden Gesetzgeber schütze[49]. In der Bürgschafts-Entscheidung ist das anders formuliert: »Der Gesetzgeber ... muß der Selbstbestimmung des Einzelnen im Rechtsleben einen angemessenen Betätigungsraum eröffnen.«[50] Es folgt der dezente Hinweis, daß auch auf dem weiten Feld der Vertragsfreiheit der Einzelne ohne den Staat nichts zu bestellen hat: »Nach ihrem Regelungsgegenstand ist die Privatautonomie notwendigerweise auf staatliche Durchsetzung angewiesen.«[51] Man mag darüber streiten, ob es logisch einen Unterschied macht, wenn man sagt »Ein bestimmter Bereich der Privatautonomie ist vor dem Gesetzgeber geschützt« oder »Der Gesetzgeber hat der Privatautonomie einen bestimmten Bereich zu eröffnen«. Aber psychologisch ist der Unterschied gewaltig – Worte schaffen Realität. Befürchtungen weckt auch das Adjektiv »angemessen«: Da der Gesetzgeber im Arbeitsrecht weitgehend vom Richter vertreten wird, muß das verfassungsgerichtliche Diktum vom »angemessenen Betätigungsraum« auf die Fachgerichte geradezu als Einladung wirken, den Rechtsunterworfenen den ihnen zukommenden Freiraum anzumessen. Die Bürgschafts-Entscheidung des BVerfG ist in diesem Sinne jedenfalls semantisch ein Fremdkörper in der Spruchpraxis des Gerichts zur Privatautonomie. Befürchtungen, die Arbeitsgerichte können zu Genehmigungsbehörden werden[52], finden im Diktum vom »angemessenen Betätigungsraum« reichlich Nahrung[53]. Es droht die Erkenntnis unterzugehen, daß die Einschränkung der Vertragsfreiheit durch den Gesetzgeber und durch die Gerichte ihrerseits von der verfassungsmäßigen Ordnung, insbesondere auch von dem Grundsatz der Rechtsstaatlichkeit, gedeckt sein

---

47 BVerfG vom 12. 11. 1958 – 2 BvL 4/56 u. a., BVerfGE 8, 274, 328 (Preisgesetz-Fall).
48 BVerfG vom 23. 4. 1986 – 2 BvR 487/80, BVerfGE 73, 261, 272 (Hausbrandkohle-Fall).
49 *Zöllner*, AcP 196 (1996), 1 (1–2, 36).
50 BVerfG vom 19. 10. 1993 – 1 BvR 567/89, BVerfGE 89, 214, 231 (Bürgschafts-Entscheidung).
51 BVerfG vom 19. 10. 1993 – 1 BvR 567/89, BVerfGE 89, 214, 231 (Bürgschafts-Entscheidung).
52 *Adomeit*, Die gestörte Vertragsparität – ein Trugbild, NJW 1994, 2467, 2468: »... man steht dann näher zum Zivilgesetzbuch der früheren DDR als zum BGB.«
53 *Grunsky*, a.a.O. (Fn. 41), S. 19.

muß[54]: Jeder staatliche Eingriff in die Freiheit rechtsgeschäftlichen Handelns hat den Grundsätzen der Verhältnismäßigkeit und des Vertrauensschutzes Rechnung zu tragen[55]. So hat das BVerfG in früheren Jahren eine vertragsfreiheitsbeschränkende Gesetzesauslegung mit folgender Begründung verworfen:

»Die Rechtsprechung des Bundesarbeitsgerichts schränkt die verfassungsrechtlich verbürgte Freiheit zum rechtsgeschäftlichen Handeln in unvertretbarem Maße ein. Wenn aus einer nach der Satzung der Beschwerdeführerin unverbindlichen Versorgungszusage durch richterliche Rechtsfindung ein nicht mehr frei widerrufbarer Versorgungsanspruch hergeleitet wird, dann verbietet es der Grundsatz der Verhältnismäßigkeit, den Widerruf von derart strengen Voraussetzungen abhängig zu machen. ... Dadurch werden dem Trägerunternehmen finanzielle Lasten aufgebürdet, die den durch Art. 2 Abs. 1 GG gewährleisteten Bereich, der zur Entfaltung von Unternehmerinitiativen nötig ist, beeinträchtigen. [Die Beschwerdeführerin] muß nach dem Grundsatz der Verhältnismäßigkeit, der Eingriffe in die Handlungsfreiheit nur im unerläßlichen Maße erlaubt, jedenfalls in die Lage versetzt werden, sich aus triftigen Gründen von der Zusage zu lösen. ... Die Rechtsauffassung des Bundesarbeitsgericht zwingt zudem die Unterstützungskasse und das Trägerunternehmen, zur Wirksamkeit des Widerrufs der Versorgungszusage ihre wirtschaftliche Notlage gerichtlicher Nachprüfung zu unterbreiten. Das ist ein zusätzlicher unverhältnismäßiger Eingriff in den grundsetzlich geschützten Bereich wirtschaftlicher Betätigungsfreiheit.«[56]

Eine unaufgeregte Behandlung der Tendenzen, dem Arbeitnehmer mehr individuelle Regelungsmacht – und damit auch Verantwortung – zuzuweisen, verlangt eine Rückkehr zu derartigen, die Freiheit rechtsgeschäftlichen Handelns betonenden Judikaten[57]. In der heutigen Ar-

---

54 BVerfG vom 19. 10. 1983 – 2 BvR 298/81, BVerfGE 65, 196, 211 (Unterstützungskasse); *Hager*, Grundrechte im Privatrecht, JZ 1994, 373 (374–376).
55 BVerfG vom 23. 4. 1986 – 2 BvR 487/80, BVerfGE 73, 261, 272 (Hausbrandkohle-Fall). Dazu *Canaris*, Grundrechtswirkungen und Verhältnismäßigkeit in der richterlichen Anwendung und Fortbildung des Privatrechts, JuS 1989, 161 (166–167).
56 BVerfG vom 19. 10. 1983 – 2 BvR 298/81, BVerfGE 65, 196, 215–217 – Unterstützungskasse.
57 Vgl. *Oetker*, Der arbeitsrechtliche Bestandsschutz unter dem Firmament der Grundrechtsordnung (1996), S. 17–21. »Die Kündigung des Arbeitsverhältnisses ist als Ausübung des Selbstbestimmungsrechts ... in den Schutz der Grundrechtsausübung einbezogen« (idem, S. 48).

beitswelt müssen viele Lebensentwürfe Platz haben. Es ist daher verfehlt, auf dem Wege gesetzlicher oder richterlicher Vertragskontrolle den Marsch in die Gesellschaftsordnung des umfassend betreuten Menschen anzutreten, welche die individuelle Vertragsgestaltung nur noch als Idee, aber nicht mehr als Realität bestehen läßt[58]. Wenn die personale Entfaltung des arbeitenden Menschen nicht nur als Lippenbekenntnis, sondern als reale Möglichkeit Bestand haben soll, bedarf es eines unbefangenen Umgangs mit der Privatautonomie. Verfehlt ist der bekannte Satz, das Arbeitsrecht sei eine Absage an die Vertragsfreiheit[59]. Denn dieser Satz suggeriert in seiner Umkehrung, daß mehr Vertragsfreiheit eine Absage an das Arbeitsrecht sei.

These 3: Das Konzept der »strukturellen Unterlegenheit« ist geeignet, die Privatrechtsordnung selbst umzustrukturieren. Entscheidungsfreiheit wäre die Ausnahme, richterliche Kontrolle die Regel. Es ist auch im Arbeitsrecht nicht sicher, daß die Mehrheit der Rechtsunterworfenen in dieser Weise betreut werden möchte.

Versteht man unter der Individualisierung der Arbeitsbeziehungen die Begründung rechtlicher Freiräume zur individuellen Gestaltung, so ist der Stein des Anstoßes der Bürgschafts-Entscheidung nicht nur das unglückliche Diktum vom »angemessenen Betätigungsraum«, sondern vor allem das Konzept des strukturellen Ungleichgewichts: »Handelt es sich um eine typisierbare Fallgestaltung, die eine strukturelle Unterlegenheit des einen Vertragsteils erkennen läßt, und sind die Folgen des Vertrages für den unterlegenen Vertragsteil ungewöhnlich belastend, so muß die Zivilrechtsordnung darauf reagieren und Korrekturen ermöglichen.«[60] Die »strukturelle Unterlegenheit« ist nicht nur im Zusammenhang mit dem – äußerst dehnbaren – Kriterium der »ungewöhnlichen Belastung« zu sehen[61], sondern auch in Verbindung mit dem Satz, der Ausgleich gestörter Vertragsparität gehöre zu den Hauptaufgaben

---

58 Umfassend *Preis*, Kompensation von Ungleichgewichtslagen in der Rechtsprechung der Arbeitsgerichte und Zivilgerichte – ein Vergleich, AuR 1994, 139–152.
59 Vgl. *Hanau/Adomeit*, Arbeitsrecht (11. Aufl. 1994), S. 31 (»Das Arbeitsrecht läßt sich begreifen als ein einziges großes Kontrollsystem gegenüber der Vertragsfreiheit.«).
60 BVerfG vom 19. 10. 1993 – 1 BvR 567/89, BVerfGE 89, 214, 232 – Bürgschafts-Entscheidung; wiederholt in BVerfG vom 5. 8. 1994 – 1 BvR 1402/89, NJW 1994, 2749, 2750.
61 Anders *Bauer/Diller*, Zur Inhaltskontrolle von Aufhebungsverträgen, DB 1995, 1810 (1811). Zu diesem Kriterium auch *Preis/Rolfs*, Gestörte Vertragsparität und richterliche Inhaltskontrolle, DB 1994, 261 (267); *Hergenröder*, Vertragsimparität und richterliche Inhaltskontrolle, DZWir 1994, 485 (491).

des geltenden Zivilrechts[62]. Diese umfassende Schutztendenz kann in ihrer Bedeutung für die Arbeitsbeziehungen kaum überschätzt werden[63]. Wenn es schon im allgemeinen Zivilrecht (Bürgschaft) – und vielleicht sogar im Sonderrecht der Kaufleute (Handelsvertreter) – zu den Hauptaufgaben des Richters gehört, Ungleichgewichtslagen aufzuspüren und im Wege richterlicher Inhaltskontrolle auszugleichen, kann man das Thema »Individualisierung der Arbeitsbeziehungen« von vornherein als Fehlanzeige abhaken: Einzelvertragliche Abweichungen von tariflichen Regelungsmodellen sind dann ebenso wie neuartige Formen des Personaleinsatzes, Ausgliederungen von Unternehmensfunktionen oder Gestaltungen selbständiger Dienstleistung durchgreifenden Bedenken ausgesetzt[64].

Das Thema Individualisierung der Arbeitsbeziehungen ist aus rechtlicher Sicht rasch beendet, wenn man die Bürgschafts-Entscheidung kritiklos akzeptiert: Dieser Eindruck wird noch verstärkt durch Ausführungen wie die folgenden, die sich auf den Arbeitsvertrag beziehen[65]: »Auch Verträge, die individuell formuliert und abgeschlossen werden, sind selten das Ergebnis paritätischer Vertragsverhandlungen. Die Schwäche des Arbeitnehmers ergibt sich normalerweise schon daraus, daß er auf den Arbeitsplatz angewiesen ist und der Arbeitsmarkt ihm kaum praktisch nutzbare Ausweichmöglichkeiten bietet. Arbeitnehmer haben ganz einfach nicht die erforderliche Übersicht und Flexibilität.«[66] Dem hat Preis zu recht entgegengehalten, die allgemeine Aussage, der Arbeitnehmer sei generell dem Arbeitgeber unterlegen, könne nicht ausreichen, um richterliche Kontrollbefugnisse zu begründen; es bedürfe eines objektiven, weniger weltanschaulichen Rechtssatzes[67]. Sein Ansatz, den vorformulierten Vertrag als Anknüpfungspunkt

---

62 BVerfG vom 19. 10. 1993 – 1 BvR 567/89, BVerfGE 89, 214, 233 (Bürgschafts-Entscheidung).
63 *Bauer/Diller*, DB 1995, 1810 (1811); *Preis/Rolfs*, DB 1994, 261 (261).
64 Paradigmatisch für diese vier Fallgruppen der Individualisierung: *Zachert*, Tarifautonomie zwischen Wirtschaftsliberalismus und Wiederentdeckung des Individuums, WSI Mitteilungen 1993, 481–488; *Trittin*, Arbeitsrechtliche Risiken bei Outsourcing, Die Mitbestimmung 4/1996, 44; *Blank*, Arbeitnehmerschutz bei Betriebsaufspaltung und Unternehmensteilung (2. Aufl. 1987); *Kreuder*, Arbeitnehmereigenschaft und »neue Selbständigkeit« im Lichte der Privatautonomie, AuR 1996, 386–394.
65 Allgemein zum Verhältnis Rechtsprechung – Rechtswissenschaft: *Dieterich*, Arbeitsrechtsprechung und Rechtswissenschaft – Gedanken zu einem nicht störungsfreien Gespräch, RdA 1995, 321 (322–323).
66 *Dieterich*, RdA 1995, 129 (135).
67 *Preis*, Perspektiven der Arbeitsrechtswissenschaft, RdA 1995, 333 (340).

für eine Angemessenheitskontrolle zu nehmen[68], hat freilich auch keine ungeteilte Zustimmung gefunden[69]. Man muß vielleicht doch an der Prämisse – dem Vorherrschen eines strukturellen Ungleichgewichts im Arbeitsverhältnis – und den daraus zu ziehenden Folgerungen ansetzen[70].

Damit kommt man fast zwangläufig zum Adjektiv »strukturell«, das sich im Zusammenhang mit dem Ungleichgewicht auch ganz unbefangen gebrauchen läßt[71], und das Zöllner dem – BVerfG daher »vergeben und vergessen«[72] möchte, obwohl es zu Mißdeutungen Anlaß geben kann. Adomeit hat darauf aufmerksam gemacht, daß eine Fußnotenverwandtschaft zweiten Grades[73] zu ganz merkwürdigen Theorien besteht[74]. Über Wert oder Unwert der Rechtsprechung des Bundesverfassungsgerichts ist damit freilich noch nichts gesagt[75]. Auch ist die begriffliche Parallele von »struktureller Unterlegenheit« und »struktureller Gewalt« allenfalls colorandi causa von Interesse[76]. Selbst wenn die Arbeitgeberseite in einem Werk über die Autonomie im Arbeitsrecht als »soziale Gewalt« angesprochen wird[77], ist bei Kritik Vorsicht geboten, denn immerhin hat Sinzheimer den Begriff der »sozialen Macht« geprägt[78]. Es ist aber nicht zu verkennen, daß die Redeweise von der »strukturellen Unterlegenheit«, der »sozialen Macht« oder der »sozialen Gewalt« geeignet ist, Extrempositionen zu begründen, die von der

---

68 *Preis*, Grundfragen der Vertragsgestaltung im Arbeitsrecht (1993), § 10 (S. 274–297).
69 In dieser Hinsicht kritisch *Zöllner*, AcP 196 (1996), 1 (22–23) unter Hinweis auf das *Phantom in der Oper*. Zur Anwendbarkeit des AGB-Gesetzes auf vorformulierte Arbeitsverträge: BAG vom 29. 11. 1995 – 5 AZR 447/94, NZA 1996, 702.
70 *Zöllner*, AcP 196 (1996), 1 (25); *Grunsky*, a.a.O. (Fn. 41), S. 10.
71 *Fastrich*, Richterliche Inhaltskontrolle im Privatrecht (1992), S. 117.
72 *Zöllner*, AcP 196 (1996), 1 (27).
73 *Adomeit*, NJW 1994, 2467 (2468). – BVerfG vom 19. 10. 1993 – 1 BvR 567/89, BVerfGE 89, 214, 233 verweist auf *Limbach*, JuS 1985, 10 ff., die wiederum auf *Norbert Reich*, Markt und Recht (1977) verweist.
74 *Reich*, a.a.O. (Fn. 73), S. 21, 181: »Es gehört zu den Grundkennzeichen der bürgerlich-kapitalistischen Gesellschaft, wie sie sich im 19. Jahrhundert in den großen Industrienationen herausgebildet hat, daß der Prozeß der Vergesellschaftung über den Markt gesteuert wird. . . . Marktmacht ist längst von einer Panne der Marktwirtschaft zu einem regelmäßigen Phänomen des Marktes geworden . . .«.
75 *Grunsky*, a.a.O. (Fn. 41), S. 10–11.
76 *Adomeit*, NJW 1994, 2467 (2468). – Immerhin erfüllt die »strukturelle« Gewalt gerade nicht den Gewaltbegriff, wenn man die Sitzblockaden-Entscheidung des BVerfG weiterdenkend fortschreibt. Vielleicht ist das bei der »strukturellen« Unterlegenheit nicht anders.
77 *Wendeling-Schröder*, Autonomie im Arbeitsrecht – Möglichkeiten und Grenzen eigenverantwortlichen Handelns in der abhängigen Arbeit (1994), S. 236.
78 Nachgewiesen bei *Gamillscheg*, a.a.O. (Fn. 14), S. 30.

einzelvertraglichen Gestaltungsfreiheit im Arbeitsrecht nichts mehr übrig lassen: »Wo der eine darauf angewiesen ist, zu nehmen, was der andere ihm bietet, wird der Vertrag zum Diktat, seine Durchsetzung durch die staatliche Macht zum staatlichen Unrecht. Als Mittel der Interessenwahrung scheidet der Arbeitsvertrag aus.«[79]

Wenn man sie so versteht, ist die strukturelle Unterlegenheit nicht nur geeignet, bestehende Spielräume einzelvertraglicher Gestaltung zu beschränken, sondern das Arbeitsrecht selbst umzustrukturieren. Das gilt insbesondere für die Abschlußfreiheit. Sie wird schon bisher unter dem Gesichtspunkt diskutiert, ob der Arbeitgeber, der bei der einseitigen Beendigung des Arbeitsverhältnisses gesetzlich streng gebunden ist – d. h. dem Kontrollsystem des Kündigungsschutzrechts unterworfen – ist, bei der Begründung eines Arbeitsverhältnisses prinzipiell – soweit nicht ausnahmsweise Spezialgesetze die Auswahlentscheidung begrenzen – frei sein darf. Manche sehen in der Auswahlfreiheit des Arbeitgebers einen Systembruch[80] und halten es für unerträglich, daß der Arbeitgeber etwa mit dem Kleopatra-Argument[81] einer Bewerberin den Vorzug geben darf. Gegenüber der Sozialauswahl bei Beendigung des Arbeitsverhältnisses hat Rüthers kürzlich die nicht ganz unbegründete Forderung aufgestellt, Unternehmen dürften »nicht in einen Parkplatz für weniger Leistungsfähige verwandelt werden.«[82] Erst recht spricht gegen eine Sozialauswahl bei Einstellung eine ganze Palette von Gründen[83], und man sollte Beschränkungen der Einstellungsfreiheit rechtspolitisch nicht nur wegen »praktischer Schwierigkeiten« ablehnen[84]. Es ist zu hoffen, daß das »strukturelle Ungleichgewicht« nicht zu einem deus ex machina wird, um den gerichtlich nachprüfbaren Einstellungsanspruch

---

79 *Gamillscheg*, a.a.O. (Fn. 14), S. 29.
80 *Gamillscheg*, Zum Anspruch des Arbeitnehmers auf Einstellung auf einen freien Arbeitsplatz, Mélanges Berenstein (1989), S. 267 (275): Die Abschlußfreiheit des Arbeitgebers sei ein »Grundrecht auf Willkür«. – Kritisch zu Begrenzungen der Abschlußfreiheit *Elke Hermann*, ZfA 1996, 19; s. ferner *Buchner*, Freiheit und Bindung des Arbeitgebers bei der Einstellungsentscheidung, NZA 1991, 577.
81 Ägyptische Königin, berühmt u. a. wegen der Eigenartigkeit ihrer Nase.
82 Interview der Zeitschrift Focus 45/1996, S. 54 (56 Sp. 1). – Interessant ist, daß sich die US-amerikanischen Kündigungsregeln und das deutsche Kündigungsschutzrecht in einem Punkt diametral unterscheiden: Das US-Unternehmen darf in der Krise die leistungsfähigsten Arbeitnehmer behalten, in Deutschland wird in erster Linie nach sozialen Kriterien ausgewählt.
83 *Zöllner/Loritz*, Arbeitsrecht (4. Aufl. 1992), § 11 III 2 (S. 143); *Hanau/Adomeit*, a.a.O. (Fn. 59), S. 171–173.
84 *Gamillscheg*, Mélanges Berenstein (1989), S. 267 (281).

zu begründen. Ebenso brisant wie Einschränkungen der Auswahlfreiheit bei der Begründung eines Arbeitsverhältnisses sind angesichts der heutigen Lage des Beschäftigungsmarktes Einschränkungen der Gestaltungsfreiheit bei der Begründung freier Dienstverhältnisse; darauf wird zurückzukommen sein (unten These 10).

Die Gefahr der schleichenden Aushöhlung der individuellen Vertragsfreiheit durch das Konzept der strukturellen Unterlegenheit zeigt sich prototypisch beim Aufhebungsvertrag, der letzten Domäne der Beendigungsfreiheit im Arbeitsverhältnis. Der Aufhebungsvertrag hat durch die richterrechtliche Verstärkung des Kündigungsschutzes in den letzten 25 Jahren einen außergewöhnlichen Bedeutungszuwachs erfahren[85]. Er ist eine Reaktion der Praxis auf einen Kündigungsschutz, der inzwischen nicht nur von Arbeitgebervertretern[86] als Nachteil des Wirtschaftsstandortes Deutschland gesehen wird. Die Gründe für die Krise des Kündigungsschutzrechts sind vielfältig: Bei Fehlverhalten scheint es bisweilen leichter zu sein, sich im Wege der Scheidung von einem Ehepartner zu trennen als im Wege der Kündigung von einem Mitarbeiter[87]. Rüthers hat mehrfach auf das Beispiel eines Arbeitnehmers hingewiesen, der in gut zwölf Monaten achtundneunzigmal verspätet zur Schichtarbeit erschien und fünfzehnmal den Arbeitsplatz vorzeitig verlassen hatte und trotzdem nicht entlassen werden konnte[88]. Die Entdeckung des Verhältnismäßigkeitsprinzips[89] hat den Bestandsschutz ebenso verstärkt wie das Gebot der Gesamtabwägung der beiderseiti-

---

85 Das belegen Handbücher wie *Bauer*, Arbeitsrechtliche Aufhebungsverträge (4. Aufl. 1995); *Bengelsdorf*, Aufhebungsvertrag und Abfindungsvereinbarungen (2. Aufl. 1994); Weber/Ehrich/Hoß, Handbuch der arbeitsrechtlichen Aufhebungsverträge (1996).
86 Drastisch *Gerhard Müller*, Die Tollkirschen des Arbeitsrechtes – Der schöne Schein des Bestandsschutzes wird zum lähmenden Gift für neue Beschäftigungschancen, FAZ vom 15. 4. 1989, S. 15 Sp. 1–6.
87 Was – das ist zuzugeben – nur denjenigen merkwürdig vorkommen kann, die in der Ehe mehr sehen als eine altmodische Form der Lebensabschnittsgemeinschaft. – Zur Theorie der strukturellen Unterlegenheit der Ehefrau gegenüber dem Ehemann: *Schwenzer*, Vertragsfreiheit im Ehevermögens- und Scheidungsfolgenrecht, AcP 196 (1996), 88–113.
88 BAG vom 17. 3. 1988 – 2 AZR 576/87, BAGE 58, 37 = AP Nr. 99 zu § 626 BGB = NZA 1989, 261. – Wer häufiger mit Ausländern zu tun hat, bemerkt, daß sich gerade solche Entscheidungen außerhalb Deutschlands herumsprechen und eine verheerende psychologische Wirkung entfalten.
89 BAG vom 27. 9. 1984 – 2 AZR 62/83, BAGE 47, 26 = AP Nr. 8 zu § 2 KSchG 1969 = NZA 1985, 455.

gen Interessen im Einzelfall[90] oder die Neigung zu Prognoseentscheidungen[91]. Auf dem Gebiet der Kündigung wegen Krankheit oder krankheitsbedingter Leistungsminderung bemüht sich die Rechtsprechung zwar um Rechtssicherheit[92], kann aber nicht verhindern, daß dieser – intellektuell an sich nicht schwer zu erfassende – Problemkreis auf den zahlreichen dazu angebotenen Seminaren kaum noch zu bewältigen ist und Handbücher den Rat geben, wegen der schwer abzuschätzenden Imponderabilien besser eine gütliche Einigung anzustreben. Schließlich ist die bei Kündigungen erforderliche Beteiligung des Betriebsrates zu einer Pandorabox von Unwirksamkeitsgründen geworden[93].

Der arbeitsrechtliche Aufhebungsvertrag wirkt als Ventil, das die Kündigungsrechtsprechung erst erträglich macht und im übrigen mittelbar zahlreichen leistungswilligen und leistungsfähigen Arbeitslosen zu einem Arbeitsplatz verhilft. Der Aufhebungsvertrag ist eines jener Instrumente, die jede Rechtsordnung braucht, wenn sie nicht im Bestandsschutz erstarren will. Die Vorteile, die der Aufhebungsvertrag nicht nur für den Arbeitgeber, sondern auch für einen Arbeitnehmer bringt, dessen Stellung im Betrieb unhaltbar geworden ist, sind vielfach benannt worden[94]. Um so erstaunlicher ist es, daß sich Bestrebungen zeigen, mit dem Hebel des strukturellen Ungleichgewichts dieses Ventil zu schließen. Dabei ist es unstreitig, daß die allgemeinen Unwirksamkeitsgründe – beispielsweise §§ 119, 123 und 138 BGB – in ihrer herkömmlichen Interpretation auch für den arbeitsrechtlichen Aufhe-

---

[90] Vgl. BAG vom 7. 12. 1988 – 7 AZR 122/88, AP Nr. 26 zu § 1 KSchG 1969 Verhaltensbedingte Kündigung = EzA § 1 KSchG Verhaltensbedingte Kündigung Nr. 26 mit Anm. *Rüthers*.
[91] Vgl. BAG vom 16. 2. 1989 – 2 AZR 299/88, BAGE 61, 131 = AP Nr. 20 zu § 1 KSchG 1969 Krankheit mit Anm. *Preis* = NZA 1989, 923. – Zu diesem ganzen Komplex *Rüthers*, Die Rache des Gutgemeinten – Der Individualschutz der Arbeitsplatzbesitzer darf nicht zum Kollektivschaden der Arbeitslosen werden, FAZ vom 11. 11. 1989, S. 15 Sp. 1–6.
[92] Beispiele: BAG vom 6. 9. 1989 – 2 AZR 224/89, AP Nr. 21 zu § 1 KSchG 1969 Krankheit mit Anm. *Preis* = EzA § 1 KSchG Krankheit Nr. 26 mit Anm. *Kittner* = NZA 1990, 307; BAG vom 26. 9. 1991 – 2 AZR 132/91, AP Nr. 28 zu § 1 KSchG 1969 Krankheit = NZA 1992, 1073; BAG vom 29. 7. 1993 – 2 AZR 155/93, AP Nr. 27 zu § 1 KSchG 1969 Krankheit = NZA 1994, 67.
[93] Nachdrücklich *Bauer*, Wirtschaftswoche Nr. 8 vom 15. 2. 1996, S. 74: »Viele Kündigungen scheitern letztlich an Mängeln der Betriebsratsanhörung.«
[94] *Bengelsdorf*, Der gesetzes- und verfassungswidrige Zugriff auf die arbeitsrechtliche Beendigungsfreiheit, NZA 1994, 193 (194); *Falkenberg*, Der Aufhebungsvertrag – eine Betrachtung aus der Sicht eines Arbeitnehmers, ZTR 1994, 410 (410–411).

bungsvertrag gelten[95]. Bedenklich ist es jedoch, zwischen der vom Arbeitnehmer veranlaßten und der vom Arbeitgeber veranlaßten Auflösung zu unterscheiden und letztere über die Generalklauseln der §§ 242, 138 BGB einer Reihe neuartiger Einschränkungen zu unterwerfen, weil – wie Däubler formuliert – »ein Arbeitnehmer, der aus guten oder weniger guten Gründen eine Kündigung gewärtigen muß, sich in einer extrem schwachen Position befindet«[96]. Die übertriebene Pauschalierung, die in dieser Feststellung liegt, erkennt auch das BAG, das »eine Rechtsfortbildung auch nicht mit dem Argument [für geboten hält], der Arbeitnehmer sei beim Abschluß von Aufhebungsverträgen in einer Verhandlungsposition struktureller Unterlegenheit im Sinne des Beschlusses des BVerfG. Dem Arbeitnehmer, der dem Ansinnen des Arbeitgebers gegebenenfalls nur ein schlichtes Nein entgegenzusetzen braucht, kann nicht die zur Durchsetzung seiner berechtigten Interessen erforderliche Verhandlungsmacht abgesprochen werden.«[97].

These 4: Der pauschalisierende Satz vom Vertragsversagen im Arbeitsrecht muß einer differenzierten Betrachtung im Lichte der heutigen Arbeitswelt weichen; in der modernen Dienstleistungs- und Informationsgesellschaft müssen viele Lebensentwürfe Platz haben. Erforderlich ist mehr, nicht weniger Gestaltungsfreiheit.

An dieser Stelle der Überlegungen drängt sich erneut die Grundfrage auf, warum einer liberalen, vertragsfreiheitsbejahenden Rechtsprechung Beifall zu spenden ist. Es wurde bereits angedeutet, daß Freiheit ein Wert an sich ist[98]. Nur die freie Gesellschaft ist zu wirtschaftlichen Erfolgen fähig; nur in einer wirtschaftlich erfolgreichen Gesellschaft gibt es Toleranz: »Vertragsfreiheit im allgemeinen und Arbeitsvertragsfreiheit im besonderen sind«, so führt Kittner im Recht aus, »unverzichtbare Grundlagen menschlicher Entfaltung wie wirtschaftlicher

---

95 *Däubler*, Das Arbeitsrecht, Bd. 2 (10. Aufl. 1995), Tz. 8.9.3.2 (S. 608); *Bengelsdorf*, NZA 1994, 193 (194).
96 *Däubler*, a.a.O. (Fn. 95), Tz. 8.9.3.2. (S. 609). Mit Recht zurückhaltend *Dieterich*, in: Arbeitsvertragsrecht – Arbeitsschutzrecht, Dokumentation der Fachtagung am 5. Oktober 1995 in Dortmund (1996), S. 54: Der Aufhebungsvertrag sei »nicht das zentrale Problem, das uns auf diesem Gebiete beunruhigen müßte. Die Masse der Aufhebungsverträge ist ganz glatt.«
97 BAG vom 14. 2. 1996 – 2 AZR 234/95, EzA § 611 BGB Aufhebungsvertrag Nr. 21 (S. 2–3). In diesem Sinne auch LAG Mecklenburg-Vorpommern vom 6. 7. 1995 – 1 Sa 629/94, NZA 1996, 535, 538.
98 Eindringlich jüngst *C. C. von Weizsäcker*, Die offene Gesellschaft und ihr Arbeitsmarkt, FAZ vom 16. 11. 1996, S. 15 Sp. 1–6.

Wohlfahrt.«[99] Es gibt aber auch andere Werte als die Freiheit, und im Zentrum des »Wertewettstreits« stehen die Zweifel, ob der Arbeitnehmer von seiner Freiheit auch den »richtigen« Gebrauch machen kann. Die These vom Vertragsversagen im Arbeitsrecht als Folge des Ungleichgewichts der Arbeitsvertragsparteien läßt sich, wie Zöllner jüngst bekräftigt hat, »nur an ihren Prämissen aushebeln«[100].

Das verlangt einen Umgang mit der Realität, der es sich versagt, die ganze Arbeitswelt aus einem Punkt zu erklären, und der vor allem Extrempositionen vermeidet[101]. Es kann nicht darum gehen, anstelle der Theorie des strukturellen Ungleichgewichts das Marktmodell der Chicago Boys zum Leitbild zu erheben, um daraus ein Plädoyer für ungehemmte Vertragsfreiheit abzuleiten. Auch hier ist Jurisprudenz nicht die Wahl zwischen Extremen, sondern eine Abwägung von Interessen mit dem Ziel, einen Kompromiß zu finden: »Wie schutzbedürftig der Arbeitnehmer ist, hängt zu einem wesentlichen Teil von der Frage ab, wieviel Selbstverantwortung wir glauben, ihm zumuten zu können.«[102] Bei einem Blick in die arbeitsrechtliche Literatur kann man sich des Eindrucks nicht erwehren, daß bisweilen ein einseitiges – wenn man so will: extremes – Bild des Arbeitnehmers gezeichnet wird:

»In der Praxis gibt es mehr denn je die strukturelle Unterlegenheit des Arbeitnehmers. Wer sich in der Konkurrenz um Arbeitsplätze behaupten will, muß sich anpassen, muß den Zumutungen seiner Vorgesetzten nachgeben. Eigene Wünsche haben zurückzustehen; die Selbstbestimmung beginnt frühestens nach dem Verlassen des Bürogebäudes. Viele Juristen wollen dies offensichtlich nicht wahrhaben. Wenn ein Arbeitnehmer sagt ›Ich will am Wochenende arbeiten‹ oder ›ich will länger arbeiten‹, so wird dies als freiwillige Entscheidung betrachtet, so als hätte er sich entschieden, bei Karstadt und nicht bei Horten einzukaufen. . . . Die Situation mag bei gesuchten Spezialisten eine andere sein – doch sollen wir wirklich eine solche Paradiesvogel-Existenz zum Ausgangspunkt für arbeitsrechtliche Regeln machen?«[103]

Die Realität verlangt eine differenziertere Betrachtung, wobei das

---

99 *Kittner*, Der freie Arbeitsvertrag – Grenzen und Gefährdungen seiner Leistungsfähigkeit, Festschrift Kissel (1994), S. 497 (497 sub I).
100 *Zöllner*, AcP 196 (1996), 1 (25).
101 *Heinze*, DB 1996, 729 (731).
102 *Fastrich*, Vom Menschenbild des Arbeitsrecht, Festschrift Kissel (1994), S. 193 (195).
103 *Däubler*, Diskussionsbeitrag, in: Krise des Flächentarifvertrages? Dokumentation eines Gesprächs der Otto Brenner Stiftung am 8. Dezember 1995 (Köln 1996), S. 134–135. – *Dieterich*, RdA 1995, 129 (135 nach Fn. 41): »Ausnahmefälle!«

skizzierte Bild auch vorkommt, aber nicht vorherrscht[104]: Es ist eine Generation herangewachsen, die die Illusion einer Vollkaskogesellschaft verwirft, ein unverkrampftes Verhältnis zu Wissenschaft und Technik hat[105], den Sozialstaat auch als freiheitsbedrohend ansieht[106] und nicht die Verstaatlichung von Zeitungen verlangt, in denen Solidarität lustvoll als »Kardinaltugend aller Sozialstaatsbewohner und ihrer Aufseher« verunglimpft wird[107]. Das gewandelte Selbstbewußtsein der heutigen Generation, das an der Universität deutlich zu beobachten ist, hat viel zu tun mit den seit den siebziger Jahren rasant gewachsenen Bildungs-Chancen für breite Bevölkerungskreise[108]. Dieses gewandelte Selbstbewußtsein setzt sich – und das ist für unser Thema wichtig – in wirtschaftlicher Emanzipation fort: In einer Zeit, in der auf der einen Seite der Verbraucherschutz Orgien feiert, haben auf der anderen Seite Direktbanken und Direktversicherungen große wirtschaftliche Erfolge; sie sprechen den »mündigen Kunden« an und bieten bei existenziellen Lebensentscheidungen (individuelle Altersvorsorge durch Geldanlage, Versicherung von existenzbedrohenden Risiken) praktisch keine Beratung und führen die freie Entscheidung des informierten Kunden aus[109].

Die Michael-Schumacher-Generation hat ein unverkrampfteres Verhältnis zum Wettbewerbsgedanken als die Generation, die heute in weiten Bereichen den Ton angibt[110], und – bei aller Heterogenität der Lebensentwürfe – ein gewisses Mißtrauen gegen eine große Koalition der Regulierer, deren Resultate von manchen als fürsorgliche Belagerung empfunden werden[111]. Vor allem: Sie ist ihrem Lebensgefühl nach eher individualistisch und läßt sich im übrigen nicht in eine Schablone pressen. Auf eine einfache Formel gebracht: »Kapital und Arbeit sind

---

104 Brillant *Dahrendorf*, a.a.O. (Fn. 7), S. 39 ff., 97 ff., 152 ff. und 192 ff. über Lebenschancen, die real existierende Freiheit, die Vielfalt der Realität und die neue Unübersichtlichkeit.
105 Das war früher wohl anders: *Schelsky*, Die Arbeit tun die Anderen – Klassenkampf und Priesterherrschaft der Intellektuellen (1975), S. 154–157 zur irrationalen Technikfeindlichkeit früherer Zeiten.
106 *Dahrendorf*, a.a.O. (Fn. 7), S. 197 passim.
107 *Konrad Adam*, Notopfer, FAZ vom 16. 11. 1996, S. 33 Sp. 6.
108 Vgl. Der Spiegel 46/1996 vom 11. 11. 1996, S. 46 Sp. 1–3.
109 Instruktiv zur *comdirektbank: Jurkat*, in: Die Mitbestimmung 11/1996, S. 18 (19).
110 Zu dem Zusammenhang zwischen persönlicher Prägephase und Weltanschauung *Rüthers*, 35 Jahre Arbeitsrecht in Deutschland – Mutmaßungen über die Antriebskräfte der Entwicklung, RdA 1995, 326 – (327).
111 *C.C. von Weizsäcker*, Die offene Gesellschaft und ihr Arbeitsmarkt – Die wesentlichen Gründe für die anhaltend hohe Arbeitslosigkeit liegen in der Abweichung vom Leitbild des Wettbewerbs, FAZ vom 16. 11. 1996, S. 15 Sp. 4.

ihre antagonistischen Subjekte abhanden gekommen. Weder der Kapitalist noch der Arbeiter sind heute noch das, was sie einmal waren.«[112] Vor diesem Hintergrund heterogener Lebensentwürfe, differenzierter Interessenlagen und neuer Formen betrieblicher Zusammenarbeit berührt es einen merkwürdig, wenn die IG Metall kategorisch feststellt: »Kürzere Arbeitszeiten sind günstiger als längere. Für den Einzelnen, weil sie ihm mehr Freizeit und damit mehr Freiheit bringen, seine Zeit selbst zu gestalten. Und für alle Beschäftigten, weil sie mehr Arbeitsplätze und weniger Streß bedeuten.«[113] Es ist offensichtlich, daß sich immer weniger Menschen solche Vorstellungen aufzwingen lassen. Vielen bedeutet Arbeit nicht Frondienst, sondern Freude; sie ziehen ihren Lustgewinn nicht aus den oberflächlich-hedonistischen Vergnügungen der Freizeitgesellschaft, sondern aus der Tätigkeit am Arbeitsplatz. Es gibt zahlreiche Beispiele erfolgreicher Unternehmen, in denen sich dieser Befund durch empirische Beobachtungen verifizieren ließe[114].

Diese Ausführungen sollen, das ist zu betonen, nicht dazu dienen, das eine Extrem durch ein anderes zu ersetzen: »Nach wie vor sind große Teile der Arbeitnehmerschaft in der Bundesrepublik Deutschland des Schutzes durch das Arbeitsrecht bedürftig. Aber das darf wiederum im anderen Extrem nicht dazu führen, die freie Willensübereinstimmung von Arbeitnehmer und Arbeitgeber zu negieren und der privatautonomen Vertragsgestaltung von Arbeitgeber und Arbeitnehmer generell und schlichtweg zu mißtrauen.«[115] Das für das Arbeitsrecht schlechthin konstitutive Spannungsverhältnis von Freiheit und Bindung läßt sich nicht dadurch auflösen, daß man nur auf die eine Seite schaut. Wer die Arbeitnehmer, die sich in bestimmten Lebenslagen selbst helfen können, als »Ausnahmefälle«[116] oder »Paradiesvögel«[117] ansieht, muß auf die »Frage nach stärkerer Inhaltskontrolle des Arbeitsvertrages, wo er nicht durch Tarifverträge und Betriebsvereinbarungen gestaltet wird«[118] mit Kittner antworten: »Die fehlende ›Gemeinverträglichkeit‹ des Interessenausgleichs‹ legitimiert und erfordert nach wie vor (und

---

112 *Hank*, Arbeit – Die Religion des 20. Jahrhunderts: Auf dem Weg in die Gesellschaft der Selbständigen – (1995), S. 145.
113 IG Metall *direkt* Nr. 2/1996 vom 29. 1. 1996, S. 6 Sp. 3.
114 Zu dem dahiner stehenden Wertewandel *Wolfgang Gast*, Arbeitsrecht 2000 – Welches Recht brauchen Unternehmen?, S. 60–64.
115 *Heinze*, DB 1996, 729 (731).
116 *Dieterich*, RdA 1995, 129 (135).
117 *Däubler*, a.a.O. (Fn. 103), S. 134 (135).
118 *Kittner*, Festschrift Kissel (1994), S. 497 (518).

mehr denn je) Eingriffe in den individuellen Arbeitsvertrag.«[119] Wer dagegen ein differenziertes Bild der Arbeitsbeziehungen sieht, wird dafür streiten, »daß unter modernen Verhältnissen jedenfalls eine wenigstens teilweise Wiedereinräumung der Arbeitsvertragsfreiheit gewagt werden könnte, ohne den Arbeitnehmer dadurch schutzlos zu stellen«[120].

Die Vorstellung vom Ungleichgewicht der Arbeitsvertragsparteien ist, wie Zöllner ausgeführt hat, nicht eine Erfahrung, sondern eine Interpretation von Erfahrungen[121]. Diese Interpretation versteht sich nicht von selbst, sondern bedarf der Überprüfung, die mit großer Wahrscheinlichkeit ein differenziertes Bild ergeben wird[122]. Wenn demgegenüber in einer neueren Abhandlung ausgeführt wird, das Nichtbestehen von Vertragsparität zwischen Arbeitgeber und Arbeitnehmer sei – »von ganz wenigen Gegenstimmen abgesehen« – anerkannt[123], so wird übersehen, daß es im Wettstreit der Meinungen – und erst recht beim empirischen Befund – auf die Quantität der Stellungnahmen nicht ankommen kann. Das LAG Mecklenburg-Vorpommern hat kürzlich die Konsequenzen aus einem unvoreingenommenen Umgang mit der Vertragsparität gezogen: »Auch wenn das Arbeitsrecht nach seinem Wesen und seinem Ziel vorrangig dem Schutz der Arbeitnehmer dient und von den Gerichten in diesem Sinne anzuwenden ist, so rechtfertigt dies nicht, über Generalklauseln einen allgemeinen, gewissermaßen entmündigenden Schutz des Arbeitnehmers vor sich selbst einzuführen.«[124]

These 5: Die Globalisierung der Wirtschaftsbeziehungen bedeutet nicht das Ende staatlicher Gestaltungsmöglichkeiten im Arbeitsrecht; sie deckt allerdings Fehlkonstruktion der deutschen Arbeitsrechtsordnung schonungslos auf. Das Problemleugnen ist die schlechteste aller möglichen Reaktionen.

---

119 *Kittner*, Festschrift Kissel (1994), S. 497 (499).
120 *Zöllner*, Der kritische Weg des Arbeitsrechts zwischen Privatkapitalismus und Sozialstaat, NJW 1990, 1 (5). Dort weiter: »Es trifft nicht zu, daß Privatautonomie immer nur die Autonomie des Unternehmers wäre. Jeder in Personalfragen Erfahrene weiß, wie oft individuellen Wünschen oder Bedürfnissen des Beschäftigten infolge der Schranken des arbeitsrechtlichen Normensystems nicht Rechnung getragen werden kann.«
121 *Zöllner*, AcP 196 (1996), 1 (19).
122 *Preis*, a.a.O. (Fn. 68), S. 218 f., 283 ff.; MünchArbR-*Richardi*, Bd. 1 (1992), § 14 Rdnrn. 47–52; *Zöllner*, NJW 1990, 1 (5).
123 *Singer*, Tarifvertragliche Normenkontrolle am Maßstab der Grundrechte?, ZfA 1995, 611 (625).
124 LAG Mecklenburg-Vorpommern vom 6. 7. 1995 – 1 Sa 629/94, NZA 1996, 535 (538).

Die wirtschaftlichen Rahmenbedingungen der Arbeitsbeziehungen lassen sich – wie Rüthers kürzlich dargestellt hat – durch drei Faktoren kennzeichnen: durch die Globalität der Qualitätsfähigkeit, durch die Globalität der Kommunikation und durch die Globalität des Wettbewerbs[125]. Globalität der Qualitätsfähigkeit bedeutet: Industrieunternehmen werben nicht mehr Made in Germany, sondern Made by Mercedes Benz. Globalität der Kommunikation heißt beispielsweise: Die Vernetzung der Welt erleichtert die räumliche Abtrennung von Forschung und Produktion; verändern sich die komparativen Kostenvorteile der einzelnen Länder, kann die Produktion verlagert werden und getrennt von der Forschung erfolgen[126]. Globalität des Wettbewerbs meint zum Beispiel: Da Qualitätsvorsprünge schrumpfen, werden Produktionen zunehmend in die Absatzländer verlagert[127]. Diese Globalität trifft nicht alle Branchen gleichermaßen: Weite Teile der Wirtschaft sind global ausgerichtet, andere nicht[128]. Die Landwirtschaft, das Kleingewerbe, Teile das Handwerks – diese und andere Bereiche werden von den Umwälzungen der Weltwirtschaft kaum berührt, und das wird sich auch in naher Zukunft wohl nicht ändern[129]. Wo aber die Globalität des Wettbewerbs herrscht, beeinflußt sie die Arbeitsbeziehungen wie kein zweites Phänomen seit der industriellen Revolution[130].

Die Globalisierung der Märkte erfaßt auch Bereiche, an die man auf Anhieb nicht denkt. Ein Beispiel ist die Dentaltechnik: Der deutsche Zahntechniker befindet sich – vor wenigen Jahren noch undenkbar – in Konkurrenz zu Dentallaboratorien in Singapur, Hongkong oder Rotchina, die dem deutschen Zahnarzt in wenigen Tagen Qualitätsarbeit abliefern. Die Globalisierung erfaßt nicht nur die Industrie, sondern auch die Dienstleistungen[131]: Wer bei einer deutschen Hotelkette telefonisch ein Zimmer bucht, ist mit einem CallCenter in Belgien, in den

---

125 *Rüthers*, RdA 1995, 326 (330).
126 Die Volkswirtschaft spricht von den »mobilen *Schumpeter*-Industrien«: *Horst Siebert*, Geht den Deutschen die Arbeit aus? – Wege zu mehr Beschäftigung (1994), S. 45.
127 *Picot/Reichwald/Wigand*, Die grenzenlose Unternehmung – Information, Organisation und Management: Lehrbuch zur Unternehmensführung im Informationszeitalter (2. Aufl. 1996), S. 148–164.
128 *Lester C. Thurow*, The Future of Capitalism: How Today's Economic Forces Shape Thomorrow's World (1996), S. 44–52.
129 *Lester C. Thurow*, Head to Head: The Coming Economic Battle Among Japan, Europe and America – (1992), S. 112–138.
130 *Horst Siebert*, a.a.O. (Fn. 126), S. 41–46 (»Alles verschiebt sich«).
131 *Horst Siebert*, a.a.O. (Fn. 126), S. 39–67.

Niederlanden oder in der Schweiz verbunden[132]; wer eine Eurocard benutzt, bekommt seit kurzem die Abrechnungen aus Dänemark, unter anderem, weil dort das Porto günstiger ist. Vor einigen Jahren konnte die Deutsche Bundespost einen »Umwegversand« noch unter dem Gesichtspunkt des verbotenen Remailing unterbinden, wenn Briefsendungen per LKW ins Ausland geschafft und von dort auf den preiswerten Postweg nach Deutschland gebracht wurden[133]; heute findet gleich die ganze Datenverarbeitung im Ausland statt: In der Informations- und Kommunikationsgesellschaft gelingt die nationale Abschottung der Märkte immer weniger; beschleunigt wird dieser Prozeß durch den Europäischen Binnenmarkt: Fluggesellschaften beispielsweise sind heute normale Transportunternehmen, nicht mehr vom Staat finanzierte nationale Symbole; Verkehrsflughäfen mit ihren großen Belegschaften stehen heute in einem Standortwettbewerb, dessen Schärfe noch vor einigen Jahren kaum vorstellbar war[134]. Der Europäische Binnenmarkt beeinflußt die Arbeitsbeziehungen in den Mitgliedstaaten vor allem durch Weichenstellungen der wirtschaftlichen Liberalisierung[135].

Die Dynamik des Wandels läßt sich am Beispiel der Telekommunikation zeigen, bei deren Liberalisierung die Europäische Gemeinschaft ebenfalls als Katalysator gewirkt hat[136]: Noch vor weniger als zehn Jahren wäre es kaum jemandem in den Sinn gekommen, die Deutsche Bundespost mit ihren sog. »Fernmeldeämtern« anders zu begreifen denn als hoheitliche Verwalterin des Fernmeldemonopols, deren Zuteilungen und Gebührenbescheide der Telefonbenutzer dankbar entgegenzunehmen hatte. Wer den Mut besaß, die übertreuerten Monopolgeräte (»Fernmeldeeinrichtungen«), mit ihrem altertümlichen Design und ihrer veralteten Technik, eigenmächtig durch moderne amerikanische Apparate zu ersetzen, riskierte empfindliche Strafen. Die Fernmeldebediensteten waren öffentliche Bedienstete mit den typischen Merk-

---

132 *Henn / Kruse / Strawe* (Hrsg.), Handbuch CallCenter Management (1996), S. 12 (Call-Center als hochqualifizierte Dienstleistungsunternehmen).
133 *Junker*, Das internationale Unternehmensrecht des öffentlichen Unternehmens – Dargestellt am Beispiel der deutschen Bundespost, ZGR 1990, 249 (285).
134 »Rauher Wind am Himmel der Luftfrachtgesellschaften – Flughäfen spüren Kostendruck«, FAZ vom 13. 9. 1996, S. 27 Sp. 2.
135 Zu wichtigen Teilbereichen des Europäischen Arbeitsrechts demgegenüber *Franzen*, Entwicklungstendenzen im europäischen und nationalen Recht des Betriebsübergangs, DZWir 1996, 397–405.
136 Grundlegend: Kommission der EG, Grünbuch über die Entwicklung des Gemeinsamen Marktes für Telekommunikationsdienstleistungen und Telekommunikationsgeräte vom 30. 6. 1987, Kom (87) 290.

malen dieser Beschäftigungsform: moderates Einkommen, aber ruhiger und sicherer Job. Selbst nach dem Poststrukturgesetz von 1989 bereitete es erhebliche Schwierigkeiten, zu begründen, daß die Deutsche Bundespost Telekom auch im Ausland (!) Leistungen anbieten könne[137]. Heute, kaum sieben Jahre später, präsentiert sich die Telekom AG dem Publikum als Prototyp des gewinnmaximierenden, am shareholder value orientierten Wirtschaftsunternehmens, das seine Aktien auf den Markt bringt mit der unverhohlenen Werbebotschaft: »Bereichert Euch, Profit winkt!« Der Vorsitzende der Deutschen Postgewerkschaft, Kurt van Haaren, verwarf noch im Jahre 1994 den Gedanken, nicht der hoheitliche Schutz des Staates, sondern – horribile dictu – »der Aktienkurs der Deutschen Post AG an der Börse« könne das Wohl und Wehe des Unternehmens bestimmen[138]. Die Zeit wird auch über dieses Bedenken hinweggehen.

Wer als Außenstehender gewerkschaftliche Stellungnahmen zu diesem Komplex verfolgt, hat bisweilen den Eindruck, Globalisierung sei ein Wort, das von Unternehmern erfunden wurde, um »Errungenschaften« in Frage zu stellen. Da wird zum einen auf das alte, aber wenig erfolgreiche Hausmittel des Gesundbetens zurückgegriffen: »Arbeitsmarkt USA: Das Flop-Wunder.«[139] Globalisierung: ein neugeschaffenes Wort, »hinter dem sich zur Zeit die größte weltweite Vermögensverschiebung aller Zeiten verbirgt«[140]. »Amerika, hast Du es besser?«[141] – natürlich nicht. »Es gibt kein Standortproblem, sondern ein Verteilungsproblem«[142]. Da ist zum anderen das Bedenken, daß Beschäftigungseffekte beim Beschreiten neuer Wege – etwa bei der individualvertraglichen Abkehr von Tarifregelungen – keineswegs sicher sind[143]. Dieses Bedenken trifft zu, denn es gibt keine Gewißheit, daß sich aus Änderungen des arbeitsrechtlichen Koordinatensystems bezifferbare Beschäftigungseffekte ableiten lassen[144]; es ist aber noch kein positiver

---

137 *Junker*, ZGR 1990, 249–293; *Mestmäcker*, RabelsZ 52 (1988), 526 (537). S. ferner *Großfeld*, Deutsche Bundespost Postbank – Struktur und Aufgaben (1990).
138 Zitiert nach *Hank*, a.a.O. (Fn. 112), S. 152.
139 IG Metall, Monatsmagazin *metall* 9/1996, S. 1.
140 IG Metall, Monatsmagazin *metall* 9/1996, S. 3.
141 Die Mitbestimmung Nr. 7 + 8/1996 Themenheft).
142 *Schäfer*, Arbeit und Sozialpolitik Nr. 9–10/1996, S. 12.
143 Zu weiteren Bedenken *Zachert*, Rechtsfragen zu den aktuellen Tarifverträgen über Arbeitszeitverkürzung und Beschäftigungssicherung, AuR 1995, 1–13.
144 *Herbert Giersch*, Arbeitsmärkte im Wettbewerb, in: *ders.*, Kontroverses im Kontext – Wirtschaftspolitische Anstöße (1996), S. 39–45.

Handlungsansatz. Die Globalisierung scheint jedoch keine Erfindung von Kapitalisten zu sein, sondern ein in seiner Qualität neuartiges, real existierendes Phänomen, aus dem sich ein tiefgreifender, in seinen Einzelheiten und seinen Auswirkungen noch gar nicht abzuschätzender Wandel der Arbeitsbeziehungen ergibt[145]. Es handelt sich nicht um ein vorübergehendes Phänomen, das sich allein mit Bordmitteln beheben ließe. Je mehr der Weltmarkt, ob man will oder nicht, das Gesetz des Handelns bestimmt, desto weniger können sich rein nationale Konfliktlösungsmodelle behaupten: »Am Weltmarkt wird nicht gefragt, was sich hinter einem deutschen Erzeugnis an politischen Werten und sozialen Errungenschaften verbirgt.«[146]

Aus rechtlicher Sicht muß uns das nicht hindern, nach wie vor nationale Eigenwege zu gehen; aber aus wirtschaftlicher Sicht scheint die Gefahr größer geworden zu sein, daß der Standortwettbewerb auf solche Eigenwege keine Rücksicht nimmt[147]. Das gilt zum einen für neue Systeme kollektiver Absicherung, die beispielsweise Kittner vorschlägt, wenn er darauf hinweist, »daß es dem BAG unbenommen wäre (vielleicht sogar auf der Grundlage der BVerfG-Rechtsprechung von ihm erwartet werden könnte), die Kriterien zur krankheitsbedingten Kündigung wie im Falle der Arbeitnehmerhaftung gezielt in der Erwartung zu verschärfen, daß Arbeitgeber das dann erhöhte Risiko durch Versicherung oder selbstorganisierte Umlage abdecken«[148]. Das gilt zum anderen für die Forderung nach zusätzlicher Staatsintervention, mit welcher der fehlenden Akzeptanz tariflicher Regelungen begegnet werden soll[149]. Die Vorstellung, daß der Nationalstaat eine allumfassende Verantwortung für die Ausgestaltung der Arbeitsverhältnisse und für die lückenlose Gestaltung der Arbeitsbeziehungen nach den Prinzipien der sozialen Gerechtigkeit hat, erscheint vor dem Hintergrund der Europäisierung der Rahmenbedingungen und der Globalisierung der Wirtschaftsbeziehungen fragwürdig[150].

---

145 *Rüthers*, RdA 1995, 326 (330–331).
146 *Jeske*, Abschied von Illusionen, FAZ vom 28. 3. 1996, S. 1 Sp. 5. Ebenso C. C. *von Weizsäcker*, Die offene Gesellschaft und ihr Arbeitsmarkt, FAZ vom 16. 11. 1996, S. 15 Sp. 5.
147 *Herbert Giersch*, Die Industrie und das Beschäftigungssystem im weltweiten Strukturwandel, in: Alfred Herrhausen Gesellschaft (Hrsg.), Arbeit der Zukunft – Zukunft der Arbeit (1994), S. 151 (162–167).
148 *Kittner*, Festschrift Kissel (1994), S. 497 (506).
149 *Däubler*, a.a.O. (Fn. 103), S. 134 (136).
150 Vgl. *David Herman*, Kreative Lösungen finden die Unternehmen, nicht die Regierung, FAZ vom 15. 4. 1996, S. 19.

Die Liberalisierung der wirtschaftlichen Rahmenbedingungen in Europa geht einher mit einer Europäisierung der Unternehmensstrukturen: »Was in der Unternehmenslandschaft in Deutschland zu sehen ist, sind Symptome des tiefgreifenden wirtschaftlichen Wandels, der freilich nur das Ergebnis unternehmerischer Entscheidungen anderswo ist. Was sich heute noch als Strategie empfiehlt, kann morgen schon Makulatur sein. Die Unternehmenslandschaft wird sich durch die vom Markt ausgehenden Kräfte der schöpferischen Zerstörung verändern wie kaum jemals zuvor.«[151] Unternehmensgruppen haben sich in Europa eine Matrixorganisation gegeben, in der die eine Spaltenreihe die nationalen Landesgesellschaften, die viel wichtigere andere Spaltenreihe jedoch die europäischen Geschäftsfelder sind[152]. Die »Kollegen« des deutschen Arbeitnehmers – und vor allem: seine Vorgesetzten – sind nicht mehr in Deutschland; es sind die Mitarbeiter der Unternehmensgruppe, die sich in anderen Landesgesellschaften mit den gleichen Aufgabenstellungen beschäftigen. Der Wettbewerb zwischen den nationalen Landesgesellschaften ein und derselben Unternehmensgruppe ist oft ebenso hart wie die Auseinandersetzung mit der Konkurrenz von außen. Daraus ergibt sich ein erheblicher Machtverlust von Betriebsräten und Gewerkschaften, die für den nationalen Sachverhalt zuständig sind. Die Europäisierung der Rahmenbedingungen kann im Grunde nur durch eine – aus der Sicht der nationalen Kollektivmächte – stärkere Individualisierung der Arbeitsbeziehungen aufgefangen werden.

These 6: In einer offenen Gesellschaft sollten die Beteiligten des Arbeitsverhältnisses die Dynamik des Wandels nicht nur als Bedrohung begreifen, sondern auch als Chance. Der Verteidigung von »Errungenschaften« wohnt ein Trägheitsmoment inne; durch die bloße Strategie des Festhaltens am »Bewährten« läßt sich die Zukunft nicht gewinnen.

Der Ökonom Mancur Olson hat die wirtschaftliche Entwicklung Deutschlands von der Gründung des Zollvereins bis in die achtziger Jahre unseres Jahrhunderts verfolgt und der wirtschaftlichen Entwicklung Frankreichs, Japans sowie der Vereinigten Staaten gegenüberge-

---

151 *Jeske*, Was ist los in Deutschland?, FAZ vom 3. 6. 1996, S. 1 Sp. 6.
152 Dazu aus rechtlicher Sicht *Junker*, Betriebsrat und Betriebsvereinbarung bei der Umstrukturierung von Unternehmen, in: *Hromadka* (Hrsg.), Recht und Praxis der Betriesverfassung (1996), S. 99 (125–127).

stellt[153]. Er kommt zu dem Schluß, daß alte, stabile Gesellschaften von Zeit zu Zeit Erschütterungen von außen oder umwälzende Prozesse im Inneren benötigen, um ihre wirtschaftliche Dynamik zu erhalten. Fehlt es an solchen Umwälzungen, wird ein immer dichter werdendes Netz sozialer Beziehungen zwischen Staat, Verbänden und Gewerkschaften zum Erlahmen des Wettbewerbs, zur Stagnation der Wirtschaft und endlich zum wirtschaftlichen Niedergang führen; es kommt zur »institutionellen Sklerose«[154]. Daran anknüpfend meinen manche, in eine solche Situation sei die Bundesrepublik Deutschland geraten, nachdem sie im Krieg zunächst ein Musterbeispiel wirtschaftlicher Dynamik war: »Doch inzwischen hat hierzulande ein Geflecht von sozialen Besitzständen, Ansprüchen und Interessen Wettbewerbskraft und Anpassungsfähigkeit überwuchert.«[155] Vor dem Hintergrund solcher Analysen verwundert es nicht, daß die mit dem Namen Joseph Schumpeter verbundene Theorie der Innovation in den letzten Jahren eine fulminante Wiederbelebung erfahren hat[156]. Wirtschaftsordnungen, die sich im Zustand der Ermüdung befinden, werden von innen heraus revolutioniert durch Unternehmer, die andere Produktions- und Absatzmethoden, vor allem aber neue Organisationsstrukturen erkennen. Im Wege des »Durchsetzens neuer Kombinationen«[157] betreiben sie die schöpferische Zerstörung des Althergebrachten, um Neues zu schaffen.

Die Zerstörung liebgewonnener Strukturen und überkommener Denkmuster hat stets auch eine schöpferische Kraft: Wo Altes nicht stürzt, kann Neues nicht entstehen; das Resultat wäre Versteinerung. Der bloßen Verteidigung von »Errungenschaften« wohnt ein Trägheitsmoment inne; allein durch eine Verteidigungsstrategie läßt sich die Zukunft nicht meistern: »In einer dynamischen Wirtschaft sollten Arbeitgeber und Arbeitnehmer, Politiker und Juristen das Neue, das

---

153 *Mancur Olson*, Aufstieg und Niedergang von Nationen – Ökonomisches Wachstum, Stagflation und soziale Starrheit, übersetzt von *Gerd Fleischmann* (2. Aufl. 1991), insbes. S. 3–17.
154 *Mancur Olson*, a.a.O. (Fn. 153), S. XII. – Er sieht durchaus die Parallele seiner Überlegungen zu den Ansätzen von Universalhistorikern wie *Spengler* oder *Toynbee*, grenzt sich aber deutlich von deren Bestrebungen ab, »angeblich gemeinsame Strukturen in Aufstieg und Verfall der antiken Kulturen oder Staaten zu suchen, für die wir nur dürftige Unterlagen haben« (idem S. 2).
155 *Jeske*, Die Systemveränderer, FAZ vom 13. 3. 1996, S. 17 Sp. 1.
156 *Joseph Schumpeter*, Theorie der wirtschaftlichen Entwicklung – Eine Untersuchung über Unternehmergewinn, Kapital, Kredit, Zins und den Konjunkturzyklus (4. Aufl. 1935, hier zitiert nach dem unveränderten Nachdruck der 8. Aufl. 1993).
157 *Joseph Schumpeter*, a.a.O. (Fn. 157), S. 99.

Ungewöhnliche, die Veränderung vor allem als Chance begreifen und nicht als Bedrohung.«[158] Diese Forderung gilt gerade auch für die Arbeitsbeziehungen: Neue Formen der Vereinbarkeit von Berufsleben und Privatleben, von beruflicher und privater Selbstverwirklichung stehen am Horizont und haben ihn zum Teil schon überschritten[159]. Die Globalisierung des Wettbewerbs hat zu durchgreifenden Veränderungen der Arbeitsbeziehungen geführt, und zwar nicht nur in Deutschland: In Japan beispielsweise sind lebenslange Beschäftigung und Senioritätsentlohnung auf einem rasanten Rückzug[160]. Ein Produkt dieser Entwicklung ist in Deutschland das Vordringen von Formen selbständiger Beschäftigung, an die sich der Arbeitsrechtler erst noch gewöhnen muß (dazu unten These 10).

Ganz allgemein ist zu beobachten, daß das Abweichen von tariflichen Regelungsmodellen (unten These 8), die Änderung betrieblicher Strukturen (unten These 9) und die Hinwendung zu einer Gesellschaft der Selbständigen (unten These 10) die betroffenen Fachjuristen stark irritiert; dieser Wandel trifft sie zu einer Zeit, in der sie auch die abnehmende Bedeutung liebgewonnener Strukturen verkraften müssen[161]: Die festgefügte Welt der Gewerkschaften und Verbände, der alte Dualismus von Arbeit und Kapital, die Errungenschaftsgemeinschaft der Stahlkocher und der Werftarbeiter – all dies ist in Auflösung begriffen. Der eindrucksvolle Protest der Stahlkocher bei Thyssen und der Werftarbeiter in Flensburg gegen Einschränkungen der Entgeltfortzahlung Ende Oktober 1996 kann nicht darüber hinwegtäuschen, daß es sich hier um Branchen und Beschäftigungsformen handelt, die für die wirtschaftliche Zukunft der Bundesrepublik Deutschland nur eine marginale Bedeutung haben[162]. Ernst Jünger schrieb Ende der zwanziger Jahre über »Die Ablösung des bürgerlichen Individuums durch den

---

158 *Gerhard Müller*, Die Tollkirschen des Arbeitsrechtes – Der schöne Schein des Bestandsschutzes wird zum lähmenden Gift für neue Beschäftigungschancen, FAZ vom 15. 4. 1989, S. 15 Sp. 6.
159 *Oechsler*, Flexibilisierungbedarf auf Betriebsebene, in: *Junker* u. a., Die Zukunft der Arbeitswelt – Flexibilisierung von Arbeitsbedingungen (1995), S. 13 (18–22).
160 Dazu anschaulich *Däubler*, Arbeitsbeziehungen am Ende des 20. Jahrhunderts – Übersicht über aktuelle Entwicklungen in den Industrieländern, ZIAS 1995, 279 (296–304) unter Berufung auf *Nishitani* und andere.
161 Eindrucksvoll *Hank*, a.a.O. (Fn. 112), S. 144–167.
162 *Horst Siebert*, a.a.O. (Fn. 126), S. 51 ff. zu Industriepolitik und Standortwettbewerb – Abwägend und äußerst lesenswert *Walter Riester*, Die Zukunft der Arbeit – Die neue Rolle der Gewerkschaften, in: Alfred Herrhausen Gesellschaft (Hrsg.), Arbeit der Zukunft – Zukunft der Arbeit (1994), S. 179–189.

Typus des Arbeiters«[163]. Spätestens seit dem Ende der siebziger Jahre erleben wir eine Verschiebung der Gewichte von der Industrie zur Dienstleistung, eine schrittweise Ablösung der Arbeiterschaft und ihres Klassenbewußtseins durch eine Angestelltenkultur, die sich – wenn überhaupt – nach Kriterien strukturiert, die sich nicht in einen Dualismus von Kapital und Arbeit einfügen lassen.

Die Kollektivmächte haben auf den Wandel, der sich spätestens seit Ende der siebziger Jahre andeutete[164], nicht immer die adäquaten Antworten gefunden. Geradezu ein Musterbeispiel für das Beharrungsvermögen, das die Tarifpolitik bis in die jüngste Vergangenheit an den Tag legte, sind die Besetzungsregeln, die sich mit dem Tarifbereich der heutigen IG Medien verbinden. In diesen, im Wortsinne antimodernen Betriebsnormen ist – bei nur geringer Rücksichtnahme auf den technischen Fortschritt – im einzelnen festgelegt, mit wieviel Personal eine Druckmaschine zu besetzen ist: »C III. a) 6. An jeder Buchdruckrotationsmaschine sind in der Regel zu beschäftigen: An 1 bis 2 Druckeinheiten 2 Hilfskräfte, an 3 Druckeinheiten 3 Hilfskräfte, sofern die Produktabnahme entfällt 2 Hilfskräfte. Einzelheiten, einschließlich der Rollensternbesetzung, sind durch Betriebsvereinbarung zu regeln.«[165] Im vorliegenden Zusammenhang interessiert weniger die umstrittene Verfassungsmäßigkeit solcher Regelungen[166], sondern vielmehr der Geist, aus dem solche Tarifforderungen entstanden sind[167].

Die Vorstellung, durch eine solche Form der regulierten Marktwirtschaft den Druckstandort Deutschland zu sichern, muß im Lichte der Erfahrungen der achtziger und neunziger Jahre als fragwürdig erscheinen: Eine derartige Variante der Zwangsbewirtschaftung von Maschi-

---

163 *Ernst Jünger*, Der Arbeiter – Herrschaft und Gestalt (1932), S. 116–164.
164 *Herbert Giersch*, Schumpeters Ära, in: *ders.*, Kontroverse im Kontext – Wirtschaftspolitische Anstöße (1996), S. 239–242 (Originalbeitrag aus dem Jahre 1983).
165 Manteltarifvertrag für die gewerblichen Arbeitnehmer der Druckindustrie im Gebiet der Bundesrepublik Deutschland in der ab 10. 3. 1989 geltenden Fassung, Anhang C. Der Tarifvertrag ist zum 31. 12. 1996 gekündigt.
166 Die Verfassungsmäßigkeit bejahen: BAG vom 26. 4. 1990 – 1 ABR 84/87, AP Nr. 57 zu Art. 9 GG (zum Manteltarifvertrag vom 3. März 1980); BAG vom 22. 1. 1991 – 1 ABR 19/90, AP Nr. 67 zu Art. 12 GG (zum Manteltarifvertrag vom 6. 5. 1987).
167 Vgl. *Rüthers*, Sozialpartnerschaft in der Bewährung – Arbeitsbeziehungen in der Wirtschaftskrise, in: *ders.*, Die offene Arbeitsgesellschaft – Regeln für soziale Beweglichkeit (1985), S. 9 (24): »Manche der nicht gerade seltenen Arbeitskampfexzesse 1984, besonders im Druckbereich, sind hauptsächlich auf die Hilflosigkeit oder auch auf die ohnmächtige Wut mancher Funktionärsgruppen gegenüber dem nichtverarbeiteten technologischen Wandel in ihren Branchen zurückzuführen.«

nen hat offenbar auf manche Arbeitgeber wie eine Aufforderung gewirkt, Produktion in das Ausland zu verlagern, wo vergleichbare Restriktionen nicht bestehen[168]. Im Verhältnis von Arbeitgeberverbänden und Gewerkschaften provozieren solche Besetzungsregeln die Frage nach der Funktionsfähigkeit des Arbeitskampfrechts: Für die betroffenen Arbeitnehmer haben sich derartige Kollektivnormen ebenfalls nicht als Quell ungetrübter Freude erwiesen: Vor sechzehn, vor neun oder vor sieben Jahren, als das stolze Druckprivileg tariflich durchgesetzt wurde, hätten freigesetzte Arbeitnehmer wahrscheinlich einen anderen Arbeitsplatz gefunden. Heute, da die Besetzungsregeln wegfallen – und sei es, weil die Druckerei schließt – finden sie wahrscheinlich keinen anderen Arbeitsplatz[169].

Das Beispiel der Besetzungsregeln zeigt, daß die Koalitionen sich nicht auf Dauer über die wirtschaftliche Vernunft hinwegsetzen können[170]. Das Arbeitsrecht – und dazu gehören die staatlich gesetzten Rechtsnormen ebenso wie die Tarifnormen – ist ein Element der Gestaltung der Unternehmens- und Wirtschaftsverfassung. Arbeitsrecht ist wirtschaftsordnendes Recht[171]. Aus dieser Symbiose folgt zum einen: Das Arbeitsrecht taugt nicht zur Umgestaltung der Wirtschaftsordnung, weil die Wirtschaftskräfte in einem marktwirtschaftlichen System letztlich stärker sind als feingesponnene Regelungsnetze; es kann allenfalls Flurschäden anrichten, die allerdings beträchtlich sein können. Zum anderen: Die Ordnung der Arbeitsbeziehungen kann nicht auf Dauer in einer Disharmonie zur Ordnung der Wirtschaft stehen, die durch Globalität, Flexibilität und Deregulierung gekennzeichnet wird. Das gilt für den Gesetzgeber und den »ihn weithin vertretenden Richter«[172], aber auch für die Tarifparteien.

These 7: Die unbestreitbare Krise des Flächentarifvertrages ist nicht

---

168 Zu Tarifforderungen der neunziger Jahre *Thomas Mayer*, Astronomisch: Vorruhestands-Forderung für Schichtarbeiter, in: Deutscher Drucker Nr. 25/1995, S. 7.
169 Vgl. *Adomeit*, Regelung von Arbeitsbedingungen und ökonomische Notwendigkeiten – Eine Untersuchung zu aktuellen Fragen des deutschen Tarifrechts (1996), S. 18–19.
170 *Adomeit*, a.a.O. (Fn. 169), S. 35: »Das Arbeitsrecht wünscht nicht zu wissen, daß seine Hervorbringungen keineswegs nur in die juristische Geltungswelt eintreten, sondern auch in die ökonomische Welt. Vor diesem Wissen sollte man aber die Hervorbringer nicht verschonen.«
171 *Zöllner/Loritz*, Arbeitsrecht (4. Aufl. 1992), § 1 (S. 1). Es ist daher, wie *Rüthers*, Richter auf dem ökonomischen Holzweg, FAZ vom 11. 3. 1995, S. 13 Sp. 2 deutlich macht, keine Frage, daß Arbeitsgerichte nicht in erster Linie vermeintlich neue »Einzelfälle« entscheiden, sondern eine Art Normsetzung für die Wirtschaft betreiben.
172 *Zöllner*, AcP 196 (1996), 1 (1).

in erster Linie eine Rechtskrise, sondern eine Verbandskrise. Die Koalitionen haben bei der Gestaltung der Arbeits- und Wirtschaftsbedingungen organisationsimmanente Schwierigkeiten, auf die Herausforderungen der Zukunft die angemessenen Antworten zu finden.

Es ist noch nicht lange her, daß selbstbewußt gesagt wurde: Der Unternehmer, der die tariflichen Arbeitsbedingungen nicht gewähren könne, müsse eben aus dem Markt ausscheiden[173]. In letzter Zeit hört man diesen Satz seltener – nicht, weil er sich als falsch erwiesen hätte, sondern weil er sich zu häufig bewahrheitet hat: Immer mehr Unternehmen haben in den letzten Jahren auf das Wirken der Tarifparteien nach dem alten deutschen Rechtsgrundsatz reagiert: »Dulde (den Tarifabschluß) und liquidiere (das Unternehmen)«. Die Tarifautonomie muß im öffentlichen Ansehen tief gesunken sein, wenn in der Presse ein Grabgesang veröffentlicht wird, der in seiner Drastik kaum zu überbieten ist: »Den ehemals so mächtigen Tariffürsten bleibt nichts anderes mehr übrig, als sich zum gemeinschaftlichen Grabgesang zu treffen: Sie selbst haben durch die Maßlosigkeit des Regelungsanspruchs und mit der Ignoranz des Ökonomischen die Tarifautonomie zu Tode geschunden. Die Unternehmen werden in den Trauergesang nicht einstimmen. Und wenn, dann in der Dramaturgie des New Orleans Function: nach dem Akt der Grablegung fällt die Gemeinde in zukunftsfrohe Rhythmen.«[174]

An solchen Äußerungen stört weniger die verbale Radikalität – die Zuspitzung ist das gute, von der Meinungsfreiheit gedeckte Recht der Presse – als vielmehr das ungute Gefühl des Lesers, daß derartige Kommentare den Zustand, den sie zu diagnostizieren vorgeben, erst herbeiführen möchten. So scheint denn auch der Abgesang auf den Tarifvertrag und die ihm zugrundeliegende Regelungsbefugnis der Tarifparteien als reichlich verfrüht. Daß Flächentarifverträge Mindestlöhne festsetzen müssen, kann schwerlich bestritten werden; auch in anderen Hinsichten ist brauchbarer Ersatz für den Flächentarifvertrag noch nicht gefunden[175]. Es kann daher auch nicht angehen, durch gesetzliche Öffnungsklauseln oder andere Mittel die rechtlichen Fundamente des Tarifvertrages so weit zu unterhöhlen, daß am Ende die

---

173 Nachweise bei *Junker*, Der Flächentarifvertrag im Spannungsverhältnis von Tarifautonomie und betrieblicher Regelung, ZfA 1996, 383 (390).
174 *Barbier*, Grabgesang, FAZ vom 7. 10. 1996, S. 17 Sp. 1.
175 Nachdrücklich *Zöllner*, Arbeitsrecht und Marktwirtschaft, ZfA 1994, 423 (435).

Tarifordnung zusammenstürzen muß[176]. Der 61. Deutsche Juristentag im September 1996 hat daher zu Recht umwälzende Änderungen des Tarifvertragsrechts verworfen[177]. Man mag über Randkorrekturen etwa bei der Nachwirkung oder bei der Allgemeinverbindlicherklärung nachdenken[178], aber das ist nicht unser Thema.

Die tiefgreifende Verunsicherung über die Zukunft des Arbeitsrechtsstandortes Deutschland spiegelt sich weniger in der Krise des Tarifvertragsrechts als vielmehr in der Krise der Tarifpolitik und der sie tragenden Verbände wider; nach einer vielzitierten Formulierung von Rüthers handelt es sich nicht um eine Rechtskrise, sondern um eine Verbandskrise: »Wir sind auf dem besten Weg, durch die falsche Verbandspolitik die Tarifautonomie abzubauen.«[179] Änderungen des Tarifvertragsrechts, die parlamentarisch auch kaum durchsetzbar erscheinen[180], drängen sich weniger auf als Änderungen der Tarifpolitik: Die Krise des Flächentarifvertrages hat mehr mit den Inhalten als mit der Institution zu tun; der Königsweg zur Sicherung der Tarifautonomie ist die Rückkehr der Tarifnormen zu existenzsichernden Mindestbedingungen, die den Betriebsparteien – und vor allem auch den Arbeitsvertragsparteien – wieder Spielraum nach oben eröffnen[181]. Damit besteht ein enger Zusammenhang zwischen der Krise des Flächentarifvertrages und dem Prozeß der Individualisierung der Arbeitsbeziehungen[182]. Wie das Versagen der Tarifpolitik in den neuen Bundesländern eindringlich zeigt, ist die Alternative oftmals nicht: individuelle Vereinbarung – tarifliche Regelung, sondern vielmehr: individuelle Vereinbarung – gar keine Beschäftigung. Es führt daher schwerlich zu mehr Beschäftigung, wenn dem Einzelnen die Durchsetzung von Tarifrechten durch kollektive Instanzen abgenommen wird[183], oder wenn staatlicher Tarifzwang ausgeübt wird nach dem Prinzip: »Umverteilung von Beschäftigungs-

---

176 *Junker*, ZfA 1996, 383 (393–397).
177 Beschlüsse des 61. Deutschen Juristentags Karlsruhe 1996 – Arbeitsrecht, DB 1996, 2030–2031.
178 *Lieb*, NZA 1994, 337 (337–339, 340–341); *Scholz*, Tarifautonomie im Umbruch, Festschrift Trinkner – (1995), S. 377 (397).
179 Interview der Zeitschrift Focus 45/1996, S. 54 (56 Sp. 3); nach wie vor lesenswert zu dem ganzen Komplex: *Eschenburg*, Herrschaft der Verbände? (1955).
180 *Zöllner*, ZfA 1994, 423 (435).
181 *Junker*, ZfA 1996, 383 (417).
182 In der Analyse zutreffend: *Däubler*, Erosion des Flächentarifs?, AuA 1996, 310 (310 l. Sp.).
183 *Gamillscheg*, Durchsetzungsschwächen des Tarifvertrags, AuR 1996, 354–359; *Däubler*, Kollektive Durchsetzung individueller Rechte?, AuR 1995, 305–312.

möglichkeiten in dem heute notwendigen Ausmaß kann nur gelingen, wenn es ein Stück zusätzlicher Staatsintervention gibt. Sie zu erreichen, müßte im Grunde einfach sein, ist doch die Allgemeinverbindlicherklärung eines Tarifvertrags unendlich viel billiger als die Versorgung von 50 000 oder 100 000 zusätzlichen Arbeitslosen.«[184]

Wer dagegen die These vertritt, daß mehr Beschäftigungspotentiale durch weniger Staat zu aktivieren wären, kommt angesichts der Resultate der Tarifpolitik fast zwangsläufig zu der Forderung nach stärkerer Individualisierung der Arbeitsbeziehungen. Der Flächentarifvertrag ist kein Wert an sich, sondern ein Instrument zur Gestaltung von Arbeitsbedingungen, das sich durch überzeugende Ergebnisse legitimieren muß. Welches Ergebnis überzeugend ist, haben letztlich die Adressaten des Tarifvertrages – und sei es durch eine Abstimmung mit Füßen – zu entscheiden. Wenn es irgendwann nicht mehr gelingt, die Adressaten von der Sinnhaftigkeit der Tarifregelungen zu überzeugen, wird das Tarifvertragsgesetz vielleicht auf die Bedeutung des Gesetzes über die Festsetzung von Mindestarbeitsbedingungen vom 11. 1. 1952 herabsinken.

Mit Rechtsinstituten ist es insofern ähnlich wie mit wissenschaftlichen Theorien: Sie werden nicht widerlegt, sondern sie sterben aus. Es ist nicht nur ein bloßes Warnzeichen, sondern vielmehr ein handfestes Symptom einer Verbandskrise, wenn der Vorsitzende der IG Medien öffentlich äußert, »die Manteltarifverhandlungen werden ... im Kern nicht über Forderungen und Gegenforderungen geführt werden, sondern darüber, ob es überhaupt noch einen Tarifvertrag geben wird«.[185] Der Weg über die kollektive Regelung des Firmentarifvertrages ist heute in der Praxis vielfach keine Alternative; so wird der Versuch der IG Medien, das wegen Verbandsaustritten erodierende System ihrer Flächentarifverträge durch Firmentarifverträge abzulösen, als eine einzige Mißerfolgsgeschichte geschildert: »In den neuen Bundesländern traten mehr als die Hälfte aller Zeitungsbetriebe entweder dem Arbeitgeberverband gar nicht bei oder sie verließen ihn, sobald ein westdeutscher Verlagskonzern von der Treuhand den Zuschlag erhalten hatte. Der IG Medien gelang es, von einigen untergeordneten Fällen abgesehen, nur in zwei prominenten Betrieben, Firmentarifverträge durchzusetzen: in den Verlagshäusern des Berliner Verlages sowie der Sächsischen Zei-

---

[184] *Däubler*, Diskussionsbeitrag, in: Krise des Flächentarifvertrages? Dokumentation eines Gesprächs der Otto Brenner Stiftung am 8. Dezember 1995 (Köln 1996), S. 134 (137).
[185] Zitiert nach *Hecker*, Die IG Medien setzt auf Firmentarifverträge, FAZ vom 13. 9. 1996, S. 18 Sp. 1.

tung in Dresden. In allen übrigen Fällen blieben die Bemühungen um Firmentarifverträge bisher erfolglos. . . . Seit 1994 häufen sich Austritte auch in den alten Bundesländern.«[186]

Auch in den Koalitionen scheint inzwischen eine Spreizung des Meinungsbildes zu erfolgen, wobei die Fraktion derjenigen, die den Wünschen nach durchgreifender Veränderung der Tarifpolitik ein unerschrockenes »weiter so« entgegensetzen, offenbar auf dem Rückzug ist. Diese Entwicklung ist verständlich, haben doch auf verschiedenen Gebieten heftige Auseinandersetzungen zwischen Gewerkschaften und Betriebsräten stattgefunden. Die Kompromißbereitschaft der Betriebsräte hat nicht immer und nicht unbedingt etwas mit Erpreßbarkeit zu tun[187]; der Erhalt ganz konkreter Arbeitsplätze hat Vorrang vor der Integrität gewerkschaftlicher Errungenschaften. Der durch die Auseinandersetzungen verursachte Flurschaden ist auf beiden Seiten erheblich. Die Gewerkschaften wären vielleicht besser beraten, wenn sie die Betriebsräte bei ihrer Aufgabe unterstützen würden, was wiederum – und hier schließt sich der Kreis – nicht ohne Auflockerungen des Flächentarifvertrages geht. Die statt dessen verfolgte Doppelstrategie – Druckausübung auf die Betriebsräte und Wegdiskutieren der Konfliktlage nach dem Motto: Die Arbeitsplätze sind letzlich doch nicht zu sichern – überzeugt viele Betroffene nicht, weil sie spüren, daß es vollkommene Sicherheit im Leben ohnehin nicht gibt. Der Flächentarifvertrag der Zukunft wird entweder zu echten Mindestarbeitsbedingungen – wie es in manchen Branchen schon der Fall ist – zurückkehren, die der materiellen Verbesserung durch Betriebs- und Arbeitsvertragsparteien zugänglich sind, oder er wird über kurz oder lang durch betriebliche und individuelle Regelungen verdrängt werden. Das anzustrebende Modell muß ein Standard sein, der diesen Namen verdient; zu einem langfristigen Programm dürfte etwa gehören, daß die Dauer der Arbeitszeit individuelles Gut wird und der Tarifvertrag eines Tages nur noch bestimmt, bei welchem Umfang der Arbeitsleistung welches Mindestentgelt zu zahlen ist.

These 8: Solange der Tarifvertrag seine vormalige Akzeptanz nicht wiedererlangt hat, ist nicht einmal aus rechtspolitischer Sicht gegen Außenseiterkonkurrenz etwas einzuwenden. Das gilt insbesondere auch in den Fällen, in denen der Arbeitnehmer durch schlichten Beitritt

---

186 *Hensche*, Tarifflucht in juristischen Formen, AuR 1996, 331 (331 unter Ziffern 3, 4), wo auch vom »desolaten Zustand des Druck-Arbeitgeberverbandes« die Rede ist.
187 *Müller-Jentsch*, Die Betriebsverfassung – eine deutsche Karriere, Die Mitbestimmung 10/96, S. 43 (46).

zur Gewerkschaft in den Schutzbereich kollektiver Regelungen gelangen könnte.

»Das Licht der Privatautonomie wird in den neunziger Jahren heller strahlen als das Licht der gewerkschaftlichen Tarifpolitik«[188] – diese Prognose findet sich in einer Besprechung des Werkes von Zachert über das Normalarbeitsverhältnis.[189] Daß diese Prognose zumindest teilweise eingetroffen ist, ist einer Entwicklung geschuldet, die nach Art und Umfang nicht vorausgesehen wurde. Ausgangspunkt ist ein Problem, das sich beispielsweise wie folgt darstellt: Die Geschäftsleitung eines hessischen Heizungsbauunternehmens (Mitglied im Arbeitgeberverband) erwägt, ein neuentwickeltes Gasheizgerät in einem noch zu errichtenden Werk in Tschechien herstellen zu lassen.[190] Die hessische Belegschaft hat Interesse, die Neuproduktion zur Sicherung der Arbeitsplätze ins heimische Werk zu holen. Das Problem sind die Arbeitskosten, die in Deutschland höher sind als in dem neu zu errichtenden Werk in Tschechien; es läßt sich lösen, wenn für einen Zeitraum von etwa drei Jahren die tariflich vorgesehene Wochenarbeitszeit ohne Lohnausgleich von 35 Stunden auf 38 Stunden erhöht wird.[191]

Das Regelungsproblem kann sich auch so stellen: Ein Druckhaus hat einen Betrieb in Deutschland und – seit einigen Jahren – einen Betrieb in einem nahegelegenen Teil Frankreichs. Der Wettbewerb auf dem Markt für Druckerzeugnisse ist hart. Das Unternehmen möchte investieren und für einen zweistelligen Millionenbetrag eine neue Tiefdruckrotation mit einer Breite von 3,28 m aufstellen. Aber wo? Die Rotation müßte in Deutschland laut Tarifvertrag mit vier Druckern gefahren werden (jährliche Personalkosten 420 000 DM), in Frankreich dagegen mit zwei Mitarbeitern und einem Umschüler (jährliche Personalkosten 240 000 DM). Entsprechende Kostenunterschiede bestehen in der Druckvorstufe und in den anderen Bereichen, die mit der Rotationsmaschine zusammenhängen. Arbeitgeber und Betriebsrat überlegen: Wenn die Rotation in Frankreich aufgestellt würde, müßten in Deutschland etwa 400 Arbeitsplätze entfallen; wenn sich die Arbeitszeit ohne Lohnausgleich von 35 Stunden (tarifliche Arbeitszeit) auf 39 Stunden

---

188 *Schüren*, Buchbesprechung, RdA 1991, 179 (180).
189 *Zachert*, Die Sicherung und Gestaltung des Normalarbeitsverhältnisses durch Tarifvertrag – Rechtsgutachten für die Hans-Böckler-Stiftung (1989).
190 Zu einer Variante einer solchen Produktionsverlagerung: *Adomeit*, Globalisierung – eine Chance?, NJW 1996, 2138.
191 Vgl. ArbG Marburg vom 7. 8. 1996 – 1 BV 6/96, DB 1996, 1925.

erhöhen ließe, wäre – im Zusammenwirken mit anderen Maßnahmen – der Kostenunterschied weitgehend ausgeglichen.[192]

Der internationale Standortwettbewerb ist – wenn man so will – »ungerecht«, weil er auf mühsam erkämpfte tarifliche Errungenschaften keine Rücksicht nimmt.[193] Dem Unternehmen kann in einer Marktwirtschaft nicht zum Vorwurf gemacht werden, daß es bei seiner Investitionsentscheidung auf die Kosten achtet: Wenn es das nicht tut, wird es vom Markt verschwinden.[194] Auch wird man dem Unternehmen in einem zusammenwachsenden Europa, das in Kürze durch eine gemeinsame Währung verbunden sein wird, keinen moralischen Vorwurf daraus machen dürfen, daß ihm die deutsche Belegschaft nicht per se näher steht als die französische Belegschaft. Zuleeg hat kürzlich in seinem unnachahmlich brillanten Stil ganz zu Recht gemahnt, »Rechtslehre und -praxis in Deutschland sollten bedenken, daß ... das Deutsche Volk vom Willen beseelt ist, als gleichberechtigtes Glied in einem vereinten Europa dem Frieden der Welt zu dienen«.[195]

Der rechtlich einfachste Weg zur Sicherung der deutschen Arbeitsplätze wäre, daß die Gewerkschaft – etwa als Partnerin eines Firmentarifvertrages – die Zahl »35« durch die Zahl »39« ersetzt; aber das würde kurzfristig wohl nur um den Preis der unehrenhaften Auswechslung der Gewerkschaftsführung gelingen und wahrscheinlich weitere Weiterungen nach sich ziehen, weil andere Unternehmen auch gerne einen solchen Tarifvertrag hätten. Dem Betriebsrat sind die Hände gebunden: Der Tarifvorrang des § 77 Abs. 3 BetrVG sperrt, wie das BAG jüngst in seinem Gesamtzusagen-Urteil bekräftigt hat[196], den Abschluß einer entsprechenden Betriebsvereinbarung auch mit nicht tarifgebundenen Arbeitgebern. Diese Regelung scheint mir, entgegen manchen durchaus bedenkenswerten Argumenten in der Literatur[197], auch rechtspolitisch gut begründet.[198] Auch das Günstigkeitsprinzip würde, wie das ArbG Marburg kürzlich ausgeführt hat, einem Bündnis für Arbeit wohl nicht auf die Beine helfen: »Eine kollektiv günstigere Regelung durch Betriebsvereinbarung wollte der Gesetzgeber nach § 77 Abs. 3 TVG ge-

---

192 Vgl. allgemein *Hensche*, AuR 1996, 331 (332).
193 *Adomeit*, NJW 1996, 2138 (2139).
194 *Horst Siebert*, a.a.O. (Fn. 126), S. 120 passim.
195 *Zuleeg*, Ist der Standard des deutschen Arbeitsrechts durch europäische Rechtsprechung bedroht?, in: *Dieterich* (Hrsg.), Das Arbeitsrecht der Gegenwart 32 (1995), 41 (54).
196 BAG vom 24. 1. 1996 – 1 AZR 597/95, NZA 1996, 948.
197 *Ehmann/Schmidt*, Betriebsvereinbarungen und Tarifverträge, NZA 1995, 193–203.
198 *Junker*, ZfA 1996, 383 (415).

rade nicht. ... Im übrigen regelt § 4 Abs. 3 TVG zweite Alternative gerade nicht das kollektive Günstigkeitsprinzip als Ausnahmetatbestand. Vielmehr hat der Gesetzgeber damit allein individuell günstigere Regelungen und Abweichungen vom Tarifvertrag gemeint.«[199]

Der Betriebsrat kann jedoch die Belegschaft darauf aufmerksam machen, daß die Individualnormen des Tarifvertrages nach § 4 Abs. 1 Satz 1 TVG nur zwischen den beiderseits Tarifgebundenen normativ gelten. Nach § 80 Abs. 1 Nr. 1 BetrVG müßte der Betriebsrat auf Befragen sogar eine entsprechende Auskunft geben.[200] Er kann diese allgemeine Rechtsauskunft mit dem Hinweis verbinden, daß die Außenseiter nicht gehindert sind, bei gleichem Lohn individualvertraglich statt der 35- die 39-Stunden-Woche zu vereinbaren, und daß dadurch Arbeitsplätze gesichert werden können.[201] Das ArbG Marburg hat kürzlich dieser Variante der individuellen Vertragsfreiheit ganz zutreffend Raum gegeben: »Für die nicht organisierten Mitarbeiter gelten die einschlägigen Tarifverträge nur aufgrund einzelvertraglicher Bezugnahme. Im Rahmen der Privatautonomie bestehen gegen eine solche vertragliche Bezugnahme keine Bedenken. Andererseits haben die Arbeitsvertragsparteien jederzeit die Möglichkeit, solche gerade nicht normativ wirkenden Regelungen durch eine Änderung des Vertrags zu verbessern oder auch zu verschlechtern. ... Im Rahmen der Vertragsfreiheit durften die nicht tarifgebundenen Mitarbeiter zusammen mit dem Arbeitgeber in rechtlich unbedenklicher Weise darüber entscheiden, in welchem Umfang die einschlägigen Tarifverträge auf ihr Arbeitsverhältnis Anwendung finden.«[202]

In der Entscheidung des ArbG Marburg finden sich jedoch weitere Ausführungen, die geeignet sind, das klare und folgerichtige Ergebnis zu verwässern: »Das Gericht hält es aber schon generell für bedenklich, wenn ein Betriebsrat auch gegenüber der nicht tarifgebundenen Belegschaft zusammen mit dem Arbeitgeber empfiehlt, den vertraglich vereinbarten Tarifvertrag teilweise abzubedingen. Der Betriebsrat genießt das besondere Vertrauen der Belegschaft. Die Mitarbeit und Zustim-

---

199 ArbG Marburg vom 7. 8. 1996 – 1 BV 6/96, DB 1996, 1925 (1928, 1929).
200 Zur Reichweite dieser Vorschrift *Buschmann*, in: *Däubler/Kittner/Klebe* (Hrsg.), Betriebsverfassungsgesetz (5. Aufl. 1996), § 80 Rdnrn. 4–14.
201 Die Verweisung der Arbeitnehmer wegen Rechtsauskünften an die im Betrieb vertretene Gewerkschaft ist ein Recht, aber keine Pflicht des Betriebsrats; vgl. *Buschmann*, a.a.O. (vorige Fn.), § 80 Rdnr. 14.
202 ArbG Marburg vom 7. 8. 1996 – 1 BV 6/96, DB 1996, 1925, 1926.

mung des Betriebsrats erweckt bei den Arbeitnehmern den gerade auch im vorliegenden Fall nicht gerechtfertigten Anschein der Ausgewogenheit.«[203] Das erscheint auf den ersten Blick als windschiefe Argumentation: Es wäre seltsam, wenn unter dem Gesichtspunkt des Arbeitnehmerschutzes ausgerechnet die Beteiligung des Betriebsrats bei der Vertragsanbahnung zur Unwirksamkeit eines Vertrages führen würde, den der Arbeitnehmer ohne Beteiligung des Betriebsrats wirksam abschließen könnte. Das ArbG Marburg läßt indessen auch eine andere Deutung zu: Der gefundene Kompromiß soll bedenklich sein, weil das Gericht es nicht für ausgewogen hält, wenn der Arbeitnehmer als Gegenleistung für eine Beschäftigungsgarantie – die für ihn persönlich vielleicht zum Tragen kommt, vielleicht aber auch nicht – in die Rückkehr zur 38-Stunden-Woche einwilligt. Diese Überlegung zeigt die ganze Problematik richterlicher Inhaltskontrolle: Für einen Metallarbeitnehmer im strukturschwachen Nordhessen könnte eine vertragliche Beschäftigungsgarantie möglicherweise einen größeren Stellenwert besitzen als für eine Richterin oder einen Richter. Auf die wirtschaftstheoretischen Ausführungen des ArbG Marburg zur Frage der Arbeitsplatzsicherheit bei dem betroffenen Unternehmen kann sich der Metallarbeiter nicht verlassen: Wenn sich das Gericht irrt, sind die Folgen für ihn einschneidender als für die Richterin oder den Richter. Die betroffenen Arbeitnehmer könnten sich wohl auch auf die Rechtsprechung des BVerfG stützen, wonach aus dem Schutz der Vertragsfreiheit gemäß Art. 2 Abs. 1 GG folgt, daß den Gerichten eine Rechtsanwendung verwehrt ist, »durch die ein Rechtssubjekt ohne legitimierenden Rechtsgrund den Vereinbarungen anderer Parteien unterworfen wird«.[204]

These 9: Unter der Herausforderung des globalen Wettbewerbs sind neue Unternehmensstrukturen erforderlich. Große Unternehmen sind zu bürokratisch-unbeweglichen Gebilden mutiert, deren Streben mehr auf soziale Anpassung als auf Gewinn und Innovation gerichtet war. Die Umkehrung dieser Entwicklung dient dazu, Arbeitsplätze zu sichern.

In den siebziger und achtziger Jahren sind große Unternehmen in Deutschland zu bürokratisch-unbeweglichen Gebilden geworden, die

---

203 ArbG Marburg vom 7. 8. 1996 – 1 BV 6/96, DB 1996, 1925, 1926.
204 BVerfG vom 23. 4. 1986 – 2 BvR 487/80, BVerfGE 73, 261, 270–271 (Hausbrandkohle-Fall).

nicht mehr in erster Linie nach Innovation und Gewinn strebten, sondern nach sozialer und gesellschaftlicher Anpassung. Das korporatistische Modell der Wirtschaft hat in Deutschland durchaus Tradition; schon Walther Rathenau sprach von dem Unternehmen als einer »gesellschaftlichen Veranstaltung«.[205] Dieses in den vergangenen Jahrzehnten deutlich erkennbar Modell konnte die Wirtschaft so lange tragen, wie das Wachstum gut und die Gewinne ausreichend waren und solange der Wettbewerb um das Kapital der Eigentümer nicht so ausgeprägt war.[206] Inzwischen fegt der Wind des Wettbewerbs über die deutschen Grenzen, rüttelt an überkommenen Strukturen und verändert die Unternehmensverfassungen: Der Aktionär und seine Interessen erhalten wieder mehr Gewicht, und zwar nicht nur im Verhältnis zu den Arbeitnehmern, sondern auch im Verhältnis zu der Unternehmensleitung. Das beweisen die Debatten über shareholder value[207], über Aufsicht und Kontrolle[208], über Bankenbeteiligungen und Übernahmegefechte.[209] Unternehmen reagieren auf diesen Wandel, indem sie – ganz im Sinne von Schumpeter – im Wege einer schöpferischen Zerstörung neue Strukturen durchsetzen.[210] Geschähe das nicht, drohte der Abstieg der Unternehmen und damit der Verlust von Beschäftigung.

Wenn man unter der Individualisierung der Arbeitsbeziehungen auch die Bildung kleinerer Einheiten versteht, gehört auch die Umstrukturierung von Unternehmen zu unserem Thema: Große geschäftsübergreifende Funktionsblöcke werden durch kleine und flexible unternehmerische Einheiten abgelöst. Der Trend geht in Richtung auf eine Dezentralisierung; die Gleichung »groß = reich = stark« hat auf Unternehmensebene keine allgemeine Gültigkeit mehr; wir erleben eine »epochemachende Umwälzung der Unternehmensstrukturen«.[211] Ein

---

205 »AEG: Am Ende Gescheitert – 113 Jahre Industrie- und Technikgeschichte, FAZ vom 28. 9. 1996, S. 14 Sp. 2.
206 *Jeske*, Die Systemveränderer, FAZ vom 13. 3. 1996, S. 17 Sp. 2.
207 Paradigmatisch ist die Entwicklung bei der Veba, s. zuletzt »Die Veba ist selbst vom Ausmaß der Ergebnisverbesserung überrascht«, FAZ vom 14. 11. 1996, S. 18.
208 Beispielsweise *Peter O. Mülbert*, Empfehlen sich gesetzliche Regelungen zur Einschränkung des Einflusses der Kreditinstitute auf Aktiengesellschaften? Gutachten E zum 61. Deutschen Juristentag Karlsruhe (1996).
209 *Immenga*, Das Spiel von Conti und Pirelli – Für die Aktionäre ist ein lukratives Übernahmeangebot kein Akt der Feindseligkeit, FAZ vom 9. 3. 1991, S. 13.
210 »Durchsetzen neuer Kombinationen«: *Schumpeter*, a.a.O. (Fn. 156), insbes. S. 99.
211 *Düwell*, Auswirkungen einer Fusion von Betrieben und Unternehmen auf Arbeitsvertrag und Kollektivvereinbarung, in: *Beseler* u. a., Betriebsübergang (§ 613 a BGB) – Arbeits- und betriebsverfassungsrechtliche Fragen (1994), S. 193 (195).

solches Profit-Center-Konzept kann beispielsweise lauten: »Die B. GmbH plant, bisherige Betriebsabteilungen in Form von Gesellschaften mbH rechtlich zu verselbständigen. Die rechtliche Verselbständigung der Betriebsabteilungen verfolgt das Ziel, Hierarchien zu verflachen und die Ertragslage der Gruppe zu verbessern. Unternehmerische Energien sollen freigesetzt werden, indem die Verantwortungs- und Zuständigkeitsbereiche der Geschäftsführer der zukünftigen Profit Center vergrößert werden. Ferner sollen ab 1998 die Profit Center ihre Leistungen gegenüber den anderen Konzernunternehmen im Wettbewerb mit externen Anbietern erbringen.«[212]

Solche Veränderungen sind für manche schmerzlich, weil sie den Abschied von liebgewonnenen Strukturen bedeuten, und weil sie (»Freisetzung unternehmerischer Energien«) das Element der Leistung stärker betonen[213]; sie erscheinen aber ökonomisch notwendig. Es hilft daher nicht weiter, die Verselbständigung von Unternehmensteilen als »Klassenkampf über das Handelsregister«[214] anzuklagen oder – in der Wirtschaft durchaus ungebräuchliche – Wortungetüme wie Fraktalisierung aufzugreifen, über die man sich nach dem Motto »Die fraktale Fabrik – eine Bruchbude?«[215] trefflich amüsieren kann. Die Veränderung betrieblicher Strukturen löst, jenseits aller ökonomischen Notwendigkeiten, bisweilen Reaktionen aus, die sich nur irrational erklären lassen: »Das defensive Verhalten artikuliert ein tiefes, allumspannendes Mißtrauen. Die Angst zu scheitern scheut das Risiko und hofft auf den Frieden, der alles beim Alten läßt. Es wird prinzipiell unterstellt, das Neue könne nur eine Verschlechterung mit sich bringen.«[216] Rational erklärbar ist immerhin der Widerstand mancher Großbetriebsräte, die mit einer Spaltung des Betriebes eine Verkleinerung ihrer Fürstentümer hinzunehmen haben. Dem ist aber aus rechtlicher Sicht entgegenzuhalten: Ebensowenig wie es im Gesellschaftsrecht ein eigenes, von den Anteilseignern losgelöstes Interesse des Unternehmens an seinem

---

212 *Junker*, Betriebsrat und Betriebsvereinbarung bei der Umstrukturierung von Unternehmen, in: *Hromadka*, a.a.O. (Fn. 152), S. 99 (126).
213 Zu diesen Aspekten: Bundesvereinigung der Deutschen Arbeitgeberverbände (Hrsg.), Veränderungsmanagement – Herausforderungen für Führungskräfte (1996); Arbeitgeberverband Gesamtmetall (Hrsg.), Den Wandel gemeinsam gestalten – Die Wettbewerbsfähigkeit sichern (1995).
214 So die Entschließung Nr. 13 des Kongresses der IG Metall 1986, zitiert nach *Gamillscheg*, Anmerkung zu BAG vom 7. 8. 1986 – 6 ABR 57/85, EzA § 4 BetrVG 1972 Nr. 5 (S. 41).
215 *Lothar Kamp*, Die Mitbestimmung 6/1996, S. 61.
216 *Hank*, a.a.O. (Fn. 112), S. 151.

eigenen Bestand gibt[217], gibt es im Betriebsverfassungsrecht ein eigenes rechtliches Interesse des Betriebsrats am unveränderten Fortbestand einmal bestehender betrieblicher Strukturen.

Dementsprechend geht das Umwandlungsgesetz vom Fortbestand eines gemeinsamen Betriebes mehrerer Rechtsträger nur aus, wenn »die Organisation des gespaltenen Betriebes nicht geändert wird« (§ 322 Abs. 1 UmwG)[218]; über die Organisation des Betriebes entscheidet jedoch letztlich – ungeachtet des Versuchs eines Interessenausgleichs nach §§ 111, 112 BetrVG – allein der Unternehmer. Es gibt – und das ist auch rechtspolitisch sinnvoll, wenn nicht sogar nach Art. 14 Abs. 1 GG verfassungsrechtlich geboten – im Streitfall keine Möglichkeit des Betriebsrats, seine Organisationsvorstellungen an die Stelle der Organisationsentscheidung des Unternehmers zu setzen.[219] Das gilt auch dann, wenn »im Einzelfall das Motiv nicht auszuschließen [ist], die Interessenvertretung der Belegschaft zu ›parzellieren‹ und auf diese Weise ein ›störungsfreieres‹ Funktionieren des Unternehmens sicherzustellen«.[220] Kein Erfolg kann auch Versuchen beschieden sein, über »weiche« Kriterien wie das Zusammengehörigkeitsgefühl (»Wesentlich ist auch das historisch und durch die gemeinsame Arbeitsstätte, das gemeinsame ökonomische Schicksal bedingte Zusammengehörigkeitsgefühl der Belegschaft.«[221]) den Fortbestand eines gemeinsamen Betriebes zu begründen, wenn nach den herkömmlichen Kriterien mehrere betriebliche Einheiten gebildet wurden.[222]

Mit den bekannten arbeitsrechtlichen Instrumenten zu erfassen – und damit nicht zu verhindern, sondern allenfalls im Wege der Mitwirkung

---

217 *Junker*, Neuere Entwicklungen im deutschen und europäischen Gesellschaftsrecht, in: *Coing* u. a. (Hrsg.), Staat und Unternehmen aus der Sicht des Rechts (1994), S. 161 (162 ff.).
218 Zur Auslegung dieser Vermutungsregel *Wlotzke*, Arbeitsrechtliche Aspekte des neuen Umwandlungsrechts, DB 1995, 40 (46); *Lutter/Joost*, Umwandlungsgesetz – Kommentar (1996), § 322 Rdnrn. 10–15.
219 Vgl. zu diesem ganzen Komplex *Konzen*, Der gemeinsame Betrieb mehrerer Unternehmen im Betriebsverfassungsrecht, ZIAS 1995, 588–599; *Kraft*, Mehrere Unternehmen als Träger eines Betriebes im Sinne des Betriebsverfassungsgesetzes, Festschrift für Hilger und Stumpf (1983), S. 395–407; *Zöllner*, Gemeinsame Betriebsnutzung – Kritische Bemerkungen zur Rechtsfigur des gemeinsamen Betriebs, Festschrift Semler (1993), S. 997–1013.
220 *Däubler*, Der Gemeinschaftsbetrieb im Arbeitsrecht, Festschrift Zeuner (1994), S. 19 (20).
221 Aufgespaltener Betrieb, solidarische Belegschaft, AiB 1994, 196 (197).
222 In diesem Sinne freilich auch *Gamillscheg*, Anmerkung zu BAG vom 7. 8. 1986 – 6 ABR 57/85, EzA § 4 BetrVG 1972 Nr. 5, S. 42 (»Im besonderen Maße gilt das dann – wenn eine ursprüngliche Einheit zerschlagen worden war.«).

des Betriebsrats umzusetzen, wenn ein Beteiligungstatbestand erfüllt ist – sind Personalkonzepte, die beispielsweise als Intrapreneur-Konzepte bezeichnet werden: »Die Idee ist, die Beschäftigten direkt mit den Konkurrenzbedingungen und den Anforderungen der Kunden auf dem Markt zu konfrontieren. Weil sie dort die Anforderungen selbst sehen, weil sie den Rationalisierungsdruck spüren, werden sie alles daran setzen, am Markt zu bestehen und Kundenwünsche zu erfüllen.«[223] Es handelt sich dabei um eine große Spannweite von Formen des Personaleinsatzes, bei denen individualarbeitsrechtlich regelmäßig die Grenzen des arbeitgeberseitigen Weisungsrechts zu beachten sind[224], während betriebsverfassungsrechtlich meistens (etwa über §§ 99, 111 Satz 2 Nrn. 4, 5 BetrVG) Beteiligungsrechte des Betriebsrats bestehen.[225] Darüber hinaus besteht, auch rechtspolitisch, kein Handlungsbedarf. Wie schon das kurze Zitat zeigt, geht es bei allen diesen Konzepten darum, die Leistung der Mitarbeiter – und damit des Unternehmens – zu verbessern. Dagegen ist an sich nichts zu erinnern, es sei denn, man folgt der pessimistischen Diagnose von Johannes Gross: »Beim Wort sozial sagt sich der Mensch, hier kann ich was kriegen, beim Wort Leistung, da ist für mich nichts drin.«[226]

Es ist schließlich noch der Fremdfirmeneinsatz zu erwähnen, der beispielsweise in der Form der »schlanken Produktion« (Lean Production) betroffene Fachjuristen stark irritiert, weil er von herkömmlichen deutschen Ordnungsvorstellungen abweicht[227]: Es gibt Tochtergesellschaften US-amerikanischer Firmen in Deutschland, die kein eigenes Fahrzeug besitzen – die gesamte Flotte ist geleast –, die kein eigenes Betriebsgrundstück und keine eigene Maschine haben, und die mit diesen sächlichen Betriebsmitteln Umsätze in dreistelliger Millionenhöhe erwirtschaften. Es ist eine konsequente Weiterführung dieses Konzepts, auch hinsichtlich einzelner Unternehmensfunktionen – Maschinenbe-

---

223 *Klein-Schneider*, Intrapreneur – ein neues Personalkonzept?, Die Mitbestimmung 5/1996, S. 62 (62 Sp. 2).
224 *Junker*, Arbeitsvertragliche Gestaltungen als Mittel der Anpassung von Arbeitsbedingungen, in: *ders.*, Änderung von Arbeitsbedingungen (1995), S. 13–61.
225 Dazu im Überblick *Löwisch*, Betriebsverfassungsgesetz (4. Aufl. 1996), § 111 Rdnrn. 18, 19.
226 *Johannes Gross*, Notizbuch – Vorletzte Folge. Einunddreißigstes Stück (1995).
227 Nicht behandeln möchte ich das *Outsourcing* – dazu beispielsweise *Trittin*, AiB 1996, 396 – in der Problemstellung, ob – und gegebenenfalls in welchen Konstellationen – das *Outsourcing* von Dienstleistungen einen Betriebsübergang darstellt (beispielsweise *Trittin*, AiB 1994, 466; *Wendeling-Schröder*, AuR 1995, 126). Dieses Faß möchte ich nicht aufmachen, da es keinen Boden mehr hat, jedenfalls aber ein eigenes Thema darstellt.

dienung, Wartung, Reinigung – Verträge mit Fremdfirmen abzuschließen.[228] Dieses Konzept ist in anderen Teilen der Welt weit stärker verbreitet als in Deutschland.[229] Die Bundesrepublik Deutschland kann sich hier nur schwer vom Weltmarkt abkoppeln und als Rechtsgedanken das Postulat durchsetzen: »In Deutschland muß jeder, der im Unternehmen arbeitet, mit dem Inhaber des Unternehmens einen Arbeitsvertrag haben.« Es ist daher grundsätzlich zu begrüßen, daß das BAG hinsichtlich der Beteiligungsrechte des Betriebsrats eine vorsichtig-abwägende Haltung einnimmt, und ein Mitwirkungsrecht nach § 99 BetrVG nur bejaht, wenn der Arbeitgeber des Betriebs gegenüber dem Fremdpersonal wenigstens einen Teil der Arbeitgeberstellung übernimmt.[230]

These 10: Das Vordringen selbständiger Beschäftigung ist kein Anlaß, neue Bereiche des Privatrechts unter den Arbeitnehmerschutz zu stellen. Der Arbeitnehmerbegriff, der über Sein oder Nichtsein des arbeitsrechtlichen Schutzes bestimmt, ist zwar nicht statisch; er bedarf aber auch klarer Konturen.

In der Bundesrepublik Deutschland haben selbständige Beschäftigungsverhältnisse in einem Umfang zugenommen, daß manche Autoren uns bereits »auf dem Weg in eine Gesellschaft der Selbständigen«[231] sehen.[232] Die Renaissance der Selbständigkeit liegt auch am Versagen kollektiver Institutionen: So bemängelte ein Dienstleistungsunternehmen jüngst, daß es bessere Leistungen einzelner Mitarbeiter kaum honorieren kann: »Da legt sich der Betriebsrat quer.«[233] Bei einem unbefangenen Blick in die Literatur kann man sich bisweilen des Eindrucks nicht erwehren, daß gegen die neue Selbständigkeit vor allem das Organisationsinteresse der Koalitionen spricht: »Die Verwandlung

---

228 Vgl. BAG vom 18. 10. 1994 – 1 ABR 9/94, AP Nr. 5 zu § 99 BetrVG Einstellung = NZA 1995, 281.
229 *Horst Siebert*, a.a.O. (Fn. 126), S. 15–29.
230 BAG vom 18. 10. 1994 – 1 ABR 9/94, AP Nr. 5 zu § 99 BetrVG Einstellung = NZA 1994, 281. – Weitergehend unter Hinweis auf die frühere Rechtsprechung *Kittner*, in: *Däubler/Kittner/Klebe* (Hrsg.), Betriebsverfassungsgesetz (5. Aufl. 1996), § 99 Rdnr. 59; *Fitting/Kaiser/Heither/Engels*, Betriebsverfassungsgesetz (18. Aufl. 1996), § 99 Rdnrn. 12–12 d. S. ferner *Dauner-Lieb*, NZA 1992, 817; *Feuerborn*, CR 1995, 91; *Henssler*, NZA 1994, 294.
231 *Gleiser*, Nachwuchsakademiker auf dem Weg in eine Gesellschaft der Selbständigen, FAZ vom 24. 8. 1996, S. 41 Sp. 2–5.
232 Kritisch *Hensche*, AuR 1996, 331 (333 sub II 4).
233 »Deutschland ist der Meister in Kundenfeindlichkeit«, Der Spiegel 36/1996, S. 125 (126 Sp. 1).

des Arbeitnehmers zum Unternehmer kann die Gewerkschaften nicht unberührt lassen. Denn der Wettbewerb unter verselbständigten Marktteilnehmern zehrt am kollektiven Arbeitsrecht und erfordert andere Formen der Solidarität.«[234] Ein Autor hat jüngst in bemerkenswerter Klarheit formuliert, was an der neuen Selbständigkeit stört: Die Gewerkschaften »befürchten, daß durch bloße Umetikettierung des Beschäftigungstyps der von ihnen erkämpfte tarifpolitische und arbeitsrechtliche Schutzstandard einfach umgangen werden könnte«.[235] Die Sozialversicherungsträger sehen »in dieser Beschäftigungsform einen Verlust von Beitragszahlern. Denn Selbständige sind für ihre Risikovorsorge allein verantwortlich.«[236] Schließlich »waren Betriebsräte besorgt, daß durch diese neue Personalpolitik der Kreis der Klientel verringert werden könnte, für die sie verantwortlich sind.«[237] Und die Betroffenen? »Demgegenüber haben die Betroffenen selbst nur in Einzelfällen eine gerichtliche Überprüfung ihres Status angestrengt.«[238]

Ein rechtlicher Ansatzpunkt wäre, den Arbeitnehmerbegriff als Schlüssel zur Anwendung arbeitsrechtlicher Schutzvorschriften an die neuen Beschäftigungsformen anzupassen: »Man stößt als Arbeitsrechtler schon bei dem Einstieg auf ein klärungsbedürftiges Problem, nämlich beim Arbeitnehmerbegriff. Wir reden davon, als wüßten wir, welche Beteiligten einander gegenübersitzen. . . . Der Arbeitsrechtswissenschaft [ist es] noch nie gelungen, eine klare Definition des Arbeitnehmers zustande zu bringen, so daß eine typologische Beschreibung unmöglich ist. Die Frage zu klären, was im Sinne der traditionellen Schutzbedürfnisvorstellung des Arbeitsrechts darunter fällt, wäre eine große Tat.«[239] Der Entwurf eines Arbeitsvertragsgesetzes bestimmt in § 1 Abs. 3: »Personen, die aufgrund unternehmerischer Tätigkeit am Markt auftreten, sind keine Arbeitnehmer.« Die Begründung erläutert dazu, der Entwurf gehe vom Gegenbegriff des Selbständigen aus, der unternehmerisch am Markt auftrete. Wer freiwillig Unternehmerrisiko übernehme, wer mit Hilfe einer eigenen Organisation die Möglichkeit

---

234 Editorial: Verselbständigt – Die neuen Arbeitsverhältnisse, Die Mitbestimmung Nr. 9/96, S. 3 Sp. 1.
235 *Udo Mayer*, Der Schein trügt – Die sogenannten »Scheinselbständigen«, Die Mitbestimmung Nr. 9/96, S. 40 (42).
236 *Udo Mayer*, Die Mitbestimmung 9/96, S. 40 (42).
237 *Udo Mayer*, Die Mitbestimmung 9/96, S. 40 (42).
238 *Udo Mayer*, Die Mitbestimmung 9/96, S. 40 (42).
239 *Dieterich*, in: Arbeitsvertragsrecht – Arbeitsschutzrecht, Dokumentation der Fachtagung am 5. Oktober 1995 in Dortmund (1996), S. 53–54.

zu unternehmerischem Gewinn und Verlust habe, sei nicht nach dem Arbeitsrecht schutzbedürftig. »Wird dem Beschäftigten allerdings die Risikoübernahme aufgezwungen, so liegt eine Umgehung des Arbeitsrechts vor; deshalb kommt es auf die freiwillige Übernahme der Unternehmerstellung an.«[240]

Die freiwillige Übernahme der Unternehmerstellung ist ein Kriterium, das die gesamte Diskussion über die Entscheidungsfreiheit des Menschen, über die Möglichkeit selbstbestimmter Entscheidungen und über das Vorliegen eines strukturellen Ungleichgewichts in den Arbeitnehmerbegriff einfließen läßt.[241] Wer die These vertritt, daß der arbeitende Mensch im Grunde niemals frei entscheiden kann, kann über das Kriterium der »Freiwilligkeit« der Übernahme der Unternehmerstellung den allumfassenden Arbeitnehmerbegriff kreieren.[242] Der Kreis schließt sich: Die gesamte Diskussion um das »strukturelle Ungleichgewicht« begegnet uns dann in Gestalt des Arbeitnehmerbegriffs.[243] Wer darüber hinaus die Ansicht vertritt, daß die freie Entscheidung »denknotwendig das Vorhandensein von Alternativen voraussetzt«[244], könnte zu dem Ergebnis kommen, eine Selbständigkeit sei nur zu bejahen, wenn als Alternative ein Arbeitsverhältnis angeboten wird: »Nach weit verbreiteter Wahrnehmung geht in den meisten Fällen der ›neuen Selbständigkeit‹ der Anstoß, den Erwerb künftig als Unternehmer zu sichern, von der bislang arbeitgebenden Firma aus. Nicht selten heißt es: entweder selbständig oder gar nicht.«[245]

Neben dem Arbeitnehmerbegriff gerät – unter dem pejorativen Stichwort der Scheinselbständigkeit – die Erstreckung des arbeitsrechtlichen Schutzes auf Personen in den Blick, die nach dem – wie auch immer zu verstehenden – Arbeitnehmerbegriff keine Arbeitnehmer sind: »Die zaghaftesten legislativen Ansätze zu vorgelagertem Schutz für arbeitnehmerähnliche Personen müssen durch stärkere richterliche Vertrags-

---

240 Arbeitsvertragsgesetz des Arbeitskreises Deutsche Rechtseinheit im Arbeitsrecht, Gutachten D zum 59. Deutschen Juristentag 1992, S. 86.
241 Vgl. *Steinmeyer*, Die Problematik der Scheinselbständigkeit, Zeitschrift für Sozialreform 42 (1996), 348 (351).
242 Vgl. *Udo Mayer*, Rechtsprobleme bei der Personalpolitik mit Selbständigen, AuR 1990, 213 (217–219, 220–221).
243 Zum Thema »Selbständigkeit und Privatautonomie«: *Kreuder*, Arbeitnehmereigenschaft und »neue Selbständigkeit« im Lichte der Privatautonomie, AuR 1996, 386 (387–390).
244 *Kreuder*, AuR 1996, 386 (389) in einer Besprechung der Entscheidung des LAG Köln vom 30. 6. 1995 – 4 Sa 63/95, AuR 1996, 413 (zur Arbeitnehmereigenschaft einer »Propagandistin« im Kaufhaus).
245 *Kreuder*, AuR 1996, 386 (389).

kontrolle ausgebaut werden (z. B. in Richtung einer Ankündigungspflicht für Nichtverlängerung eines Vertrages, inhaltliche Überprüfung von Vertragskündigungen).«[246] Oder: »Die Unterschiede zwischen abhängiger und selbständiger Arbeit werden mehr und mehr verwischt. Ein Ansatz, der lediglich ›Scheinselbständigkeit‹ rechtlich einfangen will, ist zu schmal. Vielmehr erscheint es zweifelhaft, ob an jener Alles-oder-Nichts-Einteilung festgehalten werden kann, die bisher bestimmend für das Arbeitsrecht war. ... Zu denken wäre auch an eine Einschränkung der Kündigungsmöglichkeiten von Werkverträgen oder an einen Anspruch auf weitere Auftragsvergabe; arbeitsrechtliche Bestimmungen könnten hier Modell stehen.«[247] Oder: »Handelsvertreter, freie Mitarbeiter, Konzessionspächter, Zulieferer – sie alle können von Verfassungs wegen Schutz gegen eindeutige Fremdbestimmung erwarten und sind insofern den Arbeitnehmern vergleichbar.«[248]

Es ist sicher, daß dieser Fragenkreis in der Diskussion bleiben wird, denn der Begriff der Scheinselbständigkeit ist außerordentlich schillernd, da alle Personen darunter gefaßt werden können, die zwar zweifellos Selbständige sind, aber sich in einer dem Arbeitnehmer vergleichbaren Situation der Schutzbedürftigkeit befinden. Die Frage, welche Personen schutzbedürftig sind, läßt sich nur bis zu einem gewissen Punkt objektiv bestimmen; jenseits dieses Punktes mischen sich objektive Betrachtung und politische Beurteilung.[249] Dieser Befund belegt erneut die Bedeutung der Bürgschafts-Entscheidung, die uns unmißverständlich vor Augen führt, daß wir uns an einer Wegscheide befinden: »Würde sich die Botschaft der Bürgschafts-Entscheidung durchsetzen, würde das noch immer wahrnehmbare Modell einer Privatrechtsgesellschaft endgültig ins Wanken geraten, für das nun einmal die prinzipielle Fähigkeit der Privatrechtssubjekte zur Selbstregelung ihrer Angelegenheiten die unverzichtbare Grundlage bildet. Stehen die Bürger der Republik im Verdacht, bei ihren individuellen Verträgen nicht auf sich selbst aufpassen zu können, muß ihnen der Staat durch normative Ausgestaltung der Rechtsordnung durch den Richter beistehen. Die damit ausgeweitete ständige Präsenz des big brother brächte ein neues obrigkeitsstaatliches Element in das Privatrecht.«[250]

---

246 *Kittner*, Festschrift Kissel (1994), S. 497 (519).
247 *Pfarr*, Arbeitsrecht: Ein Tanker im Nebel, GewMH 1995, 633 (636).
248 *Dieterich*, RdA 1995, 129 (135).
249 *Steinmeyer*, Zeitschrift für Sozialreform 42 (1996), 348 (348 sub II).
250 *Zöllner*, AcP 196 (1996), 1 (3).

Ulrike Wendeling-Schröder
Re-Individualisierung der Arbeitsbeziehungen?

I. Einleitung

Es gehört zu den Kennzeichen arbeitsrechtlicher Auseinandersetzungen in den neunziger Jahren, daß nicht mehr nur über Grundlage und Zweckmäßigkeit einzelner Elemente des Arbeitsrechts nachgedacht wird, sondern daß das Gesamtgefüge, das Arbeitsbeziehungssystem, auf dem Prüfstand steht.[251] Wesentlicher Hintergrund der Überlegungen sind vor allen Dingen der soziale Wandel in den Industriegesellschaften, die neuen Anforderungen an die Konkurrenzfähigkeit der Unternehmen unter den Bedingungen der Globalisierung der Wirtschaft und das bedrückende Ausmaß der Arbeitslosigkeit.[252] Die Hauptfrage besteht darin, ob und inwieweit Kernelemente der traditionellen Regelungen der Arbeitsbeziehungen überholt sind bzw. ob durch einen Umbau des Arbeitsrechts oder durch eine Veränderung seines Wirkungsfeldes eine Entlastung des Arbeitsmarktes und/oder eine Standortverbesserung für die Bundesrepublik erreicht werden kann. In diesem Zusammenhang spielt die Frage nach der Individualisierung oder auch der Re-Individualisierung der Arbeitsbeziehungen eine zentrale Rolle. Allerdings besteht eine Schwierigkeit der aktuellen Individualisierungsdebatte darin, daß sie auf sehr unterschiedlichen Bezugsebenen geführt wird. Dies führt zu Mißverständnissen und kurzschlüssigen Folgerungen: so z. B. wenn u. a. aus der Feststellung der

---

251 Vgl. beispielhaft und neuestens für die Bundesrepublik das 10. Arbeitsrechtssymposium an der Universität Passau »Wege aus der Krise – Der Beitrag des Arbeitsrechts« (Kongreßbericht in NZA 1996, S. 1141 ff.) sowie für den internationalen Bereich die Debatten auf dem 5. europäischen Regionalkongreß der Internationalen Gesellschaft für Arbeitsrecht und Soziale Sicherheit vom September 1996 in Leiden, insbesondere den Beitrag von Simitis »Hat das Arbeitsrecht noch eine Zukunft?« (Kongreßbericht in ArbuR 196, S. 441 ff.).
252 Auch das aktuelle Jahresgutachten des Sachverständigenrates zur Begutachtung der gesamtwirtschaftlichen Entwicklung in Deutschland prognostiziert für 1997 eine Gesamtarbeitslosigkeit (einschließlich der versteckten) vom 5,3 Mill. Menschen (11,7%), Handelsblatt v. 15. 11. 1996.

zunehmenden Ausdifferenzierung von Arbeitnehmerinteressen die Entbehrlichkeit oder Überholtheit von Kollektivverträgen (»Einheitsbrei«) gefolgert wird oder wenn aus der Tatsache, daß Unternehmen im globalen Wettbewerb auf hochmotivierte Arbeitnehmer angewiesen sind, abgeleitet wird, Interessendivergenzen im Bereich seien überholt.

Insgesamt scheint es mir notwendig, drei Ebenen dieser Diskussion gegeneinander abzugrenzen:

1. Auf der Ebene des sozialen Wandels ist vor allem zu diskutieren, ob und inwieweit es eine generelle Tendenz zur Individualisierung in der (post-)modernen Gesellschaft gibt, die der Integration der Arbeitnehmerinteressen grundsätzliche Grenzen setzt und damit zu einer Erosion der klassischen gewerkschaftlichen Handlungsmuster führt.

2. Auf den Ebenen der Unternehmensstrategien ist vorrangig zu überlegen, inwieweit die in unterschiedlicher Stufung und Intensität vorfindliche »Verselbständigung« der abhängigen Arbeit zu substantiellen Friktionen mit arbeitsrechtlichen Schutzstrukturen führt, und schließlich

3. auf der Ebene der grundsätzlichen Schlußfolgerungen ist zu erwägen, ob ein Paradigmenwechsel im Arbeitsrecht ansteht und welches die Orientierungspunkte einer Systemalternative sind.

Die folgenden Ausführungen orientieren sich an diesen Abgrenzungen. Zunächst werden die Tendenzen zur Desintegration der intermediären Gewalten untersucht (II), dann werden die aktuellen Unternehmensstrategien auf ihre entsolidarisierenden und vereinzelnden Effekte hin abgeklopft (III) und schließlich werden die arbeitsrechtlichen Systemalternativen auf ihre Problemlösungskapazität hin befragt (IV).

II. »Bowling Alone«

Der wegen seines suggestiven Titels »Bowling Alone« auch in Deutschland bekannte Aufsatz von Robert Putnam stellt für die Situation in den USA eine Tendenz zur Vereinzelung und zu einem Verfall der sozialen Kompetenzen fest.[253] Hier geht es nicht mehr nur um die Auflösung

---

253 Referiert nach *Behabib*, Über das zeitgenössische Unbehagen an der Demokratie, FR v. 12. Oktober 1996.

sozialer Milieus, wie sie auch in der deutschen Diskussion um die Veränderung der industriellen Grundstrukturen seit langem festgestellt worden ist[254] – die Bindekraft der demokratischen Substrukturen selbst droht verloren zu gehen. Indizien für eine ähnliche Entwicklung auch in der Bundesrepublik (und in den meisten anderen europäischen Staaten) sind sinkende Quoten der Partei- und Verbandsmitgliedschaft[255], abnehmende Beteilungsraten an Wahlen und die Orientierung auf das »Private«.

Teilweise wird der Behauptung einer gesellschaftlichen Tendenz zur Individualisierung entgegengehalten, daß Problem liege weniger in der Individualisierung, sondern gerade im Verfall von Individualität. In den modernen Gesellschaften sei eine individuelle Lebensweise nicht mehr möglich, die Subjekthaftigkeit des Menschen sei in Auflösung begriffen.[256] Nicht bestritten wird auch von den Kritikern der Individualisierungsthese allerdings, daß die moderne Gesellschaft mit dem Zerfall von Orientierungspunkten wie Religion, Herkunft und Sitte und mit der Auflösung geographischer und familiärer Bindungen zu einer Freisetzung aus festgefügten Lebensformen und damit zu einer Pluralisierung der Lebensstile geführt hat. Adorno hat dies in den »Minima Moralia« prägnant formuliert: »Der Zustand, in dem das Individuum verschwindet, ist zugleich der fessellos individualistische, in dem ›alles möglich‹ ist«.[257] In der Tat dürfte für die heutige Situation von einer sozio-kulturellen Pluralisierung und Fragmentierung der Lebensstile auszugehen sein, die sich anhand einer nahezu unendlichen Vielfalt von Indizien belegen läßt – von der Mobilität des Einzelnen über die insgesamt deutlich gestiegene Bildung bis hin zu den emanzipatorischen Folgen der Frauenbewegung. Aus diesen Feststellungen läßt sich jedoch nicht ableiten, daß das Reich der Freiheit für alle oder auch nur die Mehrheit der Bürger angebrochen sei. Wenn es in Anbetracht eines drastischen Arbeitsplatzmangels schon nicht der eigenen Entscheidung

---

254 *Mooser*, Arbeitleben in Deutschland 1900–1970. Klassenlage, Kultur und Politik, 1984; *Niethammer* (Hrsg.), Lebensgeschichte und Sozialkultur im Ruhrgebiet, 3 Bde. 1983 ff.; M. *Vester / von Oertzen* u. a., Soziale Milieus im gesellschaftlichen Strukturwandel. Zwischen Integration und Ausgrenzung, 1993.
255 Zu den in diesem Zusammenhang besonders bedeutsamen Daten zur Gewerkschaftsmitgliedschaft vgl. ArbuR 1996, S. 102.
256 Grundlegend *Adorno / Horkheimer*, Dialektik der Aufklärung, 1969; Luhmann, Individuum, Individualität, Individualismus, in: Gesellschaftsstruktur und Semantik, Bd. 3, 1989.
257 *Adorno*, Minima Moralia, Stichwort Monade, 1969, S. 197.

unterliegt, ob man arbeiten will oder nicht, läßt sich feststellen, daß bei aller Zunahme von Autonomie des Einzelnen durchaus und zum Teil in verstärktem Maße auch die Abhängigkeit von Bedingungen existiert, die sich dem individuellen Zugriff vollständig entziehen. Insgesamt läßt sich damit ein eigenartiges Mischungsverhältnis aus Selbstverantwortlichkeit und Ausgeliefertsein feststellen.[258] Diese Ambivalenz scheint auch den Akteuren selbst bewußt zu sein, denn entgegen einer oberflächlichen Sicht ist es keineswegs so, daß grundsätzlich auf die kollektive Durchsetzung von Eigeninteressen verzichtet würde. Die eindrucksvoll lange Liste der Lobbyverbände des Bundestages[259] belegt dies ebenso wie die gerade auch in der heutigen Zeit festzustellende Tendenz zur Gruppenbildung in »neuen sozialen Bewegungen«.[260] Von den klassischen intermediären Gewalten[261] unterscheiden sich diese Gruppen regelmäßig durch die Tatsache, daß hier partikulare Interessen durchgesetzt werden und ein auch nur vorübergehendes Hintanstellen eigener Bedürfnisse aus Gründen der Solidarität regelmäßig ebenso wenig gefordert wird, wie Verbandsdisziplin und langfristiger persönlicher Einsatz. Was die Interessen selbst angeht, folgt aus der Pluralisierung der Lebensstile der Arbeitsbevölkerung, daß sich auch die Interessen ausdifferenzieren. Besonders deutlich wird dies bei »neuen Beschäftigtengruppen«, z. B. bei Frauen, deren Arbeits*zeit*interessen häufig nicht mit den Arbeitszeitinteressen des »traditionellen« Facharbeiters übereinstimmen.[262] Für die Gewerkschaften stellt sich damit die Frage, inwieweit sie sich der Durchsetzung auch differenzierter Interessen öffnen können bzw. ob dies dem »Grundgesetz« der effektiven kollektiven Durchsetzung von Interessen, dem Grundsatz der Solidarität, widerspricht. Reduziert man den Begriff der Solidarität auf seinen funktionalen Kern, so bedeutet er nichts anderes als die Fähigkeit und Bereitschaft, im Interesse des Kollektivs auf unmittelbare Vorteile zu verzichten in der Erwartung, durch Bündelung und Vereinheitlichung der verschiedenen Interessen letzten Endes zu einer besseren Durchsetzung auch der eigenen Interessen zu gelangen. Daß damit eine solida-

---

258 *Beck*, Risikogesellschaft, 1986, S. 205 ff.; *Wendeling-Schröder*, Autonomie im Arbeitsrecht, 1994, S. 40 ff.
259 Vgl. Beilage zu Woche im Bundestag Nr. 18/96.
260 *Raschke*, Soziale Bewegungen. Ein historisch-systematischer Grundriß, 2. Aufl. 1988.
261 *von Beyme*, Gewerkschaften und Arbeitsbeziehungen in kapitalistischen Ländern, 1977.
262 *Weg*, Betriebliche Umsetzung optimaler Arbeitszeitmodelle, in: *Bäcker / Stolz-Willig*, Kind, Beruf, Soziale Sicherung, 1994, S. 103 ff.; allgemeiner *Kilz / Reh*, Die Neugestaltung der Arbeitszeit als Gegenstand des betrieblichen Innovationmanagements, 1996.

rische Interessenvertretung um so schwieriger ist, je unterschiedlicher die Interessen sind, die aggregiert werden müssen, liegt auf der Hand.

Gleichwohl scheint es mir auch evident, daß es Grundansprüche der Arbeitnehmer an das Arbeitsbeziehungssystem gibt, die nach wie vor gemeinsam sind. An erster Stelle sind hier sicher Arbeitsplatzsicherheit und ausreichendes Entgelt zu nennen, aber auch Fragen des Arbeitsschutzes und der Qualifikation dürften zum »Kernbestand« gehören. Auch schon die Instrumente zur Sicherung dieser Grundinteressen sind häufig unterschiedlich. Während es etwa im öffentlichen Dienst durchaus noch einen Sinn machen kann, durch Kündigungseinschränkungen für ältere Arbeitnehmer der individuellen Perspektive auf einen »Lebensarbeitsplatz« eine rechtliche Unterfütterung zu geben, kann es in Branchen mit hoher (gewollter oder ungewollter) Arbeitsplatzmobilität viel sinnvoller sein, eben diese Arbeitsplatzwechsel so sozialverträglich wie möglich zu gestalten, Zeiten der Arbeitslosigkeit zur Qualifikation zu nutzen etc. Erst recht erfordert die Durchsetzung differenzierter Interessen, z. B. in Anknüpfung an die konkreten Lebenssituationen der Arbeitnehmer neue Wahlmöglichkeiten (z. B. Recht auf Teilzeitarbeit aus persönlichen Gründen). Auch hier ist aber der Solidaritätsgedanke noch anwendbar, denn auch die Arbeitnehmer, die nicht unmittelbar von der Regelung profitieren, können in eine Lebensphase kommen, in der ihnen diese Regelung nützen würde. Bezieht man die neuen Tendenzen in der gewerkschaftlichen Organisationsarbeit mit ein, die zeigen, daß die traditionellen Arbeiterorganisationen von den neuen sozialen Bewegungen gelernt haben, z. B. die Arbeitskreise mit »Aktiven auf Zeit« und Unorganisierten in der IG-Metall[263], zeigt sich, daß die Individualisierung die Gewerkschaften zu Anpassungsleistungen gezwungen hat.[264] Die Grundfunktionen der Gewerkschaften, die Verhinderung von Unterbietungswettbewerb der Arbeitskräfte in Anbetracht der strukturellen Ungleichheit auf dem Arbeitsmarkt bleibt demgegenüber bestehen und legitimiert auch weiterhin die arbeitsrechtlichen Kollektivstrukturen, insbesondere die Kartelle auf dem Arbeitsmarkt.[265] Nach wie vor ist nämlich mit der Arbeitskraft ein markttypisches Agieren nicht möglich, so daß der Arbeitsmarkt nicht nach den gleichen Gesetzen wie ein Warenmarkt verfaßt sein kann. Die neue

---

263 *Trautwein-Kalms*, Ein Kollektiv von Individualisten, 1995, S. 152.
264 *Zoll*, Alltagssolidarität und Individualismus, 1993.
265 BVerfGE 89, 214; Dieterich, RdA 1995, S. 129 (133 ff.).

Differenzierung der Interessen der Arbeitnehmer erfordert jedoch neue
– insgesamt optionalere – Regelungsinhalte und damit auch neue Elemente der internen Willensbildung in den Organisationen.[266]

III. Unternehmensorganisatorische Rationalisierung und neue Autonomiestrukturen

Der steigende Wettbewerbsdruck durch die Internationalisierung der Wirtschaft, die Grenzen der Erweiterung der Märkte sowie die technologische Entwicklung haben dazu geführt, daß sich die Strukturen der Produktion und Distribution von Gütern sowie der Erbringung und Vermarktung von Dienstleistungen in den letzten Jahren deutlich verändert haben. Auf der Suche nach größtmöglicher Kosteneinsparung stehen auch die rechtliche Verfassung der Unternehmen sowie die Fertigungstiefe auf dem Prüfstand: Unter dem Gesichtspunkt der »unternehmensorganisatorischen Rationalisierung« finden Betriebsaufspaltungen und Unternehmensteilungen statt[267] und unter dem Gesichtspunkt von Lean Production (-Service, -Management etc.) werden Prozesse, die extern wirtschaftlicher erbracht werden können, ausgelagert.[268] Dies geschieht entweder durch Fremdvergabe von Aufgaben an Externe oder durch Gründung von verbundenen Unternehmen, die sich auf diese Aufgaben spezialisieren. Schließlich werden zunehmend betriebliche Tätigkeiten auf »neue Selbständige« verlagert, die als Sub- (oder Sub-Sub-)Unternehmer ihre Arbeitskraft außerhalb arbeitsrechtlicher Regelungen anbieten.[269] Ob diese Tendenzen tatsächlich den Grundstein für die Unternehmensarchitektur des 21. Jahrhunderts bil-

---

266 Insofern ist vom Ansatz her der Arbeit von *Matthies / Mückenberger / Offe / Peter / Raasch*, Arbeit 2000. Anforderungen an eine Neugestaltung der Arbeitswelt, 1994, zuzustimmen. Weniger überzeugend erscheint an dieser Arbeit jedoch die Übertragung des Diskussionsansatzes, der innerhalb der Arbeitnehmerseite nötig geworden ist, auch auf die Durchsetzungsebene. Zur Diskussion dazu vgl. neuestens Redaktion Kritische Justiz (Hrsg.), Arbeit 2000. Arbeitsrechtliche Reformvorschläge auf dem Prüfstand, Sonderheft der Kritischen Justiz, 1996.
267 *Lange / Blanke / Klebe / Kümpel / Wendeling-Schröder / Wolter*, Arbeitnehmerschutz bei Betriebsaufspaltung und Unternehmensteilung, 2. Aufl. 1987; DAG-Bundesvorstand, Der Betriebsrat, Unternehmensteilungen und Betriebsaufspaltungen – Eine Handlungsorientierte Einführung, 2/1994; *Klebe / Wendeling-Schröder*, AiB 1992, S. 77 ff.
268 *Martinek*, Zulieferverträge, 1991; *Mendius / Wendeling-Schröder*, Zulieferer im Netz 1991; *Wendeling-Schröder*, ArbuR 1995, S. 126 ff.
269 Vgl. neuestens *Kreuder*, ArbuR 1996, S. 386 ff.

den, wie dies in der neueren betriebswirtschaftlichen Literatur vertreten wird,[270] kann hier dahinstehen: Selbst wenn man das »virtuelle« Unternehmen, das eine kundenspezifische Produktion und nahezu simultane Distribution von Gütern und Dienstleistungen auf der Basis unternehmensübergreifender Kooperation und interorganisationaler Informationssysteme ermöglicht, nicht als Zielgröße ausmacht, bleibt doch unbestreitbar, daß sich die Eigenfertigung der Unternehmen deutlich reduziert und daß eine Zersplitterung großbetrieblicher Strukturen zu verzeichnen ist.

Die damit häufig einhergehenden unternehmensrechtlichen Veränderungen sind gesetzlich vereinfacht worden: am 1. 1. 1995 sind das neue Umwandlungsgesetz und das Umwandlungssteuergesetz in Kraft getreten.[271] Seither sind formwechselnde Umwandlungen unter allen Gesellschaftsformen, Fusionen auch mit Vereinen und Personalgesellschaften und Ausgliederungen ohne die Notwendigkeit einer gesonderten Übertragung der einzelnen Unternehmensteile durch Gesamtrechtsnachfolge möglich. Die Spaltung jeder Gesellschaftsform ist erlaubt. Für die neuen Länder waren ähnliche Regelungen bereits durch das Gesetz zur Spaltung der von der Treuhand verwalteten Unternehmen vom 5. 4. 1991[272] und das Gesetz zur Regelung offener Vermögensfragen vom 22. 3. 1991[273] ermöglicht worden. Unter dem Gesichtspunkt des Verfalls von Kollektivität bzw. des Zuwachses an Autonomie sind die genannten Tendenzen unterschiedlich zu beurteilen:

1. Die Unternehmensteilung
Bei der Unternehmensteilung wird ein Bereich des bisherigen Altunternehmens, ein Betriebsteil oder Betrieb, aus dem Unternehmen ausgegliedert und zu einem neuen Unternehmen rechtlich verselbständigt. Dies kann auch in der Form geschehen, daß mehrere Teile aus mehreren Unternehmen ausgegliedert und wieder zu einem neuen Unternehmen zusammengefaßt werden. Wirtschaftlich ist dabei in der Regel insofern für Kontinuität gesorgt, als die Anteilseigner des Altunternehmens und des Neuunternehmens weitgehend identisch sind. Traditionell werden

---

270 Vgl. die Nachweise bei *Sydow / Windeler* (Hrsg.), Management interorganisationaler Beziehungen, 1994, S. 1 ff.
271 BGBl I, S. 3210; vgl. dazu *Däubler*, RdA 1995, S. 136 ff.; *Düwell*, ArbuR 1994, S. 357 ff.; *Herbst*, AiB 1995, S. 5 ff.
272 BGBl I, S. 854.
273 BGBl I, S. 766, 772.

insbesondere die folgenden drei Ziele einer Unternehmensteilung betont:

Eine *Steuerersparnis* ist möglich durch die geschickte Kombination von Kapital- und Personengesellschaften, die unterschiedlich besteuert werden, sowie durch Gewinn- und Verlusttransfers zwischen den neuen Unternehmen. *Haftungsbeschränkungen* folgen aus der Tatsache, daß bei der juristischen Person die jeweilige Gesellschaft nur mit ihrem Vermögen haftet und der Rückgriff auf die dahinterstehenden Gesellschafter schwierig ist. Eine Inanspruchnahme von *Kleinunternehmerprivilegien* ist umso effektiver, je kleiner die neugebildeten Einheiten sind. Typische Kleinunternehmerprivilegien sind z. B. bessere Chancen, Mittelstandssubventionen zu bekommen, geringere Publikationsvorschriften, mildere Mitbestimmungsregeln, geringerer Arbeitnehmerschutz, weil die meisten Arbeitnehmerrechte an die Betriebsgröße gekoppelt sind.

Neben diesen klassischen Motiven für einen Unternehmensumbau werden in neuerer Zeit weitere Motive genannt: *Ein besserer Marktzugang* soll vor allem dadurch ermöglicht werden, daß die neuen Unternehmen als kleiner Einheiten schneller und flexibler auf die wechselnden Bedürfnisse des Marktes reagieren können. Diese Idee ist eng gebunden an die Erwartung der *Schaffung einer dezentralen Kostenverantwortung*. Jede Einheit ist jetzt ein eigenes Unternehmen, das sich marktgerecht verhalten muß (bei Strafe des Untergangs). Dieses eigenständige Markverhalten wiederum fördert die vertragliche sowie die gesellschaftsrechtliche Zusammenarbeit mit anderen Unternehmen, die in der Praxis immer größere Bedeutung gewinnt (Partnering, strategische Allianzen, Just-in-Time-Verbünde). Dies gilt auch in Bezug auf die *transnationale Zusammenarbeit*. Schließlich geht es um eine schlichte Reduzierung der *Gehaltskosten* durch die Ausnutzung des Tarifgefälles zwischen den Branchen bzw. durch die Flucht aus festen Lohnstrukturen.

Kollektivregelungen geraten bei solchen Umstrukturierungen insbesondere dadurch in Gefahr, daß der Bezugspunkt »Betrieb« regelmäßig der Umorganisation folgt, also ebenfalls zerteilt wird. Konkret: bei einer Unternehmensteilung kommt es immer dann zu einer Aufspaltung der Betriebe und damit der Betriebsratsstrukturen, wenn nicht die Konstruktion »mehrere Unternehmen, ein Betrieb« eingreifen kann. Erforderlich hierfür ist aber eine rechtliche Vereinbarung der Unternehmen über die gemeinsame Führung des Betriebes. Eine entsprechende Vereinbarung kann sich schlüssig aus den tatsächlichen Umständen ergeben. Allerdings ist die bloße Zusammenarbeit von zwei Unternehmen oder die Personenidentität von Geschäftsführern allein nicht ausreichend, um einen einheitlichen Betrieb mehrerer Unternehmen annehmen zu können. Letztlich ist entscheidend, ob der Kern der Arbeitgeberfunktionen in personellen und sozialen Angelegenheiten von derselben institutionellen Leitung ausgeübt wird.[274]

Ein Autonomiezuwachs läßt sich zwar formal für die neuen, nun eigenständigen (Klein-) Unternehmen insofern feststellen, als sie eigenständig am Markt agieren. Sehr unterschiedlich ist jedoch je nach dem Einzelfall die reale Unternehmensautonomie. Sie ist abhängig davon, inwieweit vertragliche Verpflichtungen gegenüber dem »Mutterunternehmen« oder zwischen den Teilunternehmen bestehen. Auf die Arbeitsverhältnisse schlagen diese Autonomiestrukturen nicht durch. Im Gegenteil kann wegen der nun kleinbetrieblichen Strukturen die personalpolitische Flexibilität verlorengehen, sofern nicht eine unternehmensübergreifende Politik betrieben wird.

2. Outsourcing

Unter dem nichtjuristischen, in der Wirtschaft aber gebräuchlichen Begriff des Outsourcing wird zum einen die Ausgründung von Unternehmen zur spezifischen Erfüllung bisher unternehmensintern erledigter Aufgaben, zum anderen die schlichte Fremdvergabe von Aufgaben verstanden.[275] Die erste Variante dieser Strategie ist im wesentlichen identisch mit dem, was soeben unter dem Gesichtspunkt der Unternehmensteilung diskutiert wurde. Allerdings gehört zum Outsourcingkonzept nicht die mit der Unternehmensteilung (noch) typisch einhergehende (weitgehende) Identität der Eigentümer des Altunternehmens und der Neuunternehmen. Für das Outsourcing ist diese Art der Herrschaftssicherung nicht essentiell, denn es ist durchaus möglich, daß etwa im Wege des Management-buy-outs eine Gruppe von Arbeitnehmern das ausgegliederte Unternehmen übernimmt oder das die Finanzkraft Dritter in Anspruch genommen wird. Entscheidend ist vor allem, daß das Altunternehmen sich auf das Kerngeschäft konzentriert und daß durch Kooperations- statt durch Hierarchiestrukturen eine Verbindung zu den zugeordneten Unternehmen bewirkt wird.

---

274 Vgl. zuletzt mit weiteren Nachweisen BAG in DB 1996, S. 2131 f.
275 Vgl. zur Ambivalenz des Outsourcing für die Arbeitnehmer Trittin, AiB 7–8/96, S. 396 ff.; zur Bedeutung allgemein Fieten, Arbeitgeber 1996, 2. 96.

Mit diesem Verzicht auf Hierarchiestrukturen scheint das Outsourcingkonzept größere Autonomiespielräume für die zugeordneten Unternehmen zu eröffnen. Auch hier kommt es aber praktisch entscheidend auf die konkreten Verträge und die mit ihnen eröffneten Möglichkeiten an.

Die zweite Variante des Outsourcing besteht – wie gesagt – in der Fremdvergabe bisher unternehmensintern erledigter Aufgaben. Hinter einer derartigen Outsourcingentscheidung steht regelmäßig die schlichte »make-or-buy«-Frage. Insofern ist die Fremdvergabe in erster Linie eine Kostenreduzierungsstrategie, weniger eine neue Form der Unternehmensführung. Allerdings bedingt auch die Fremdvergabe an Externe einen erheblichen Koordinationsaufwand. Ebenso wie das Outsourcing durch Ausgründung führt das Outsourcing durch Fremdvergabe im übrigen zu einer Aufgabenreduzierung für die Betriebsräte, weil die Betriebsgröße verringert wird. Für die Externen wiederum bedeutet die Zuordnung zu einem Unternehmen – je unterschiedlich nach der Intensität der realen Einbindung in die Produktionserfordernisse des Vertragspartners – einen erheblichen Verlust an Autonomie, der insbesondere in den engen Zulieferer-Abnehmer-Strukturen der Automobilindustrie[276] auch als Problem für die Mitbestimmung der dortigen Betriebsräte deutlich wird.[277]

3. Neue Selbständigkeit

Die derzeit viel diskutierte Form der neuen Selbständigkeit oder auch der Scheinselbständigkeit hat nur zum Teil mit dem hier untersuchten Problem zu tun. Es gibt auch unter den nach derzeitiger Schätzung zwischen einhalb und dreiviertel Millionen Scheinselbständigen[278] sicher viele, die den Schritt in die Selbständigkeit getan haben, um aus einer länger andauernden Arbeitslosigkeit herauszufinden oder die einfach eine Marktnische gefunden haben. Ein anderer Teil ist aber direkt im Rahmen der Umorganisation von Unternehmen in diese Funktion gedrängt worden: ohne daß sich an der Art der Arbeit etwas ändert, werden durch Unternehmerentscheidung die entsprechenden Arbeitsplätze abgebaut und gleichzeitig die nach wie vor zu erfüllenden

---

276 *Sabel / Kern / Herrigel*, Kooperative Produktion, in: *Mendius / Wendeling-Schröder* (Hrsg.), Zulieferer im Netz, 1991, S. 203.
277 *Wendeling-Schröder*, Die schwächsten Glieder der logistischen Kette, ebd., S. 332 ff.
278 Vgl. die Zahlenangaben bei *Hanke*, Arme Unternehmer, Die Zeit v. 9. 8. 1996; *Ballauf*, Grauzone, in: Die Mitbestimmung 9/96, S. 13 ff.

Aufgaben durch die ehemaligen Arbeitnehmer, die nun Selbständige sind, erfüllt. Besonders drastisch sind diese Tendenzen im Baugewerbe.

Insgesamt aber bietet die Scheinselbständigkeit wie auch die echte Selbständigkeit den Unternehmen eine kostenmäßig attraktive Möglichkeit, Arbeitskraft zu nutzen, ohne die finanziellen Belastungen des Arbeitsverhältnisses (insbesondere Sozialversicherungsanteile) tragen zu müssen.

Unter dem Gesichtspunkt der Auswirkungen eines zunehmenden Einsatzes von Selbständigen wird die Reichweite arbeitsrechtlicher Kollektivstrukturen weiter eingeschränkt: da es sich hier aus herkömmlicher Sicht eben nicht um Arbeitnehmer handelt[279], kommt eine Anwendung kollektivrechtlicher Schutzmechanismen auf diesen Personenkreis regelmäßig nicht in Betracht. Die formale Autonomie der neuen Selbständigen ist – wie der Name insoweit zutreffend signalisiert – groß. Real aber ist jedenfalls in den Fällen der wirtschaftlichen und organisatorischen Abhängigkeit dieser Personen kein tatsächlicher Handlungsspielraum anzunehmen. Die Betroffenen können sich den Sachzwängen des Arbeitsmarktes nicht entziehen, ihre Situation ähnelt der Situation der Tagelöhner.

Insgesamt läßt sich damit festhalten, daß die unternehmensorganisatorische Rationalisierung zwar regelmäßig zu einer Zersplitterung und Schwächung kollektivrechtlicher Schutzinstrumente führt, daß dieses Schutzdefizit aber regelmäßig nicht durch einen realen Zuwachs an Autonomie kompensiert wird.

Neben der unternehmensorganisatorischen Rationalisierung und zum Teil aufbauend auf den Strukturen, die durch diese neu geschaffen wurden, gibt es neue Unternehmensstrategien, deren Hauptzielrichtung darin besteht, das in den Arbeitskräften vorhandene Selbstorganisationspotential voll auszuschöpfen. Die Anweisungs- und Kontrollverhältnisse zwischen den Mitarbeitern eines Unternehmens sollen soweit wie möglich ersetzt werden durch die Orientierung aller am Markt. Diese neue Sicht – nicht nur die Unternehmensspitze ist für die Marktfähigkeit verantwortlich, sondern jedes Segment, im Extrem jeder einzelne Mitarbeiter ist für die Marktfähigkeit seines Bereichs selbst verantwortlich – stellt einen Modellwechsel dar, der von Bleicher bild-

---

[279] Zur Notwendigkeit und Möglichkeit, Scheinselbständige als Arbeitnehmer zu sehen, vgl. zuletzt LAG Köln, in: ArbuR 1996, S. 412 sowie S. 413 ff. und den Aufsatz von *Kreuder*, ArbuR 1996, S. 386 ff.

haft beschrieben wurde als Wechsel vom Unternehmen nach dem Vorbild einer Maschine zum Unternehmen nach dem Vorbild eines Organismus.[280] Charakteristisch ist der Verzicht auf direkte Steuerung und die Implementierung einer indirekten Steuerung durch selbstorganisierte Prozesse.[281] Da eine derartige Umorientierung kaum in einem Schritt durchgeführt werden kann, gibt es graduell durchaus unterschiedliche Umsetzungsformen. Grundsätzliche Konzepte in diesem Zusammenhang sind die Divisionalisierung, die »fraktale« Fabrik und das Intrapreneurkonzept.

4. Divisionalisierung

Mit der Divisionalisierung wird versucht, die Flexibilitätsvorteile von Kleinunternehmen mit den Macht- und Kapitalvorteilen von Großunternehmen zu verbinden, indem ein Großunternehmen oder Konzern in mehrere Sparten (Divisions) aufgegliedert wird, die weitgehend eigenverantwortlich arbeiten, zueinander in (eingeschränkter) Konkurrenz stehen und von einem Spartenleiter (in der Regel mit Ergebnisverantwortung, Profitcentersystem) geleitet werden. Die einzelnen Sparten bestimmen sich danach meist nach bestimmten Produkten oder Produktgruppen, seltener auch nach Regionen, nach Absatzmärkten oder ähnlichem. Jede Division ist umfassend zuständig für ihren Bereich, d. h. ihr obliegen sowohl die technische Entwicklung als auch die Produktion, die Verwaltung und der Verkauf. Die Sparte kann innerhalb eines einheitlichen Unternehmens eine Untergliederung darstellen, die einen oder mehrere Betriebe oder Betriebsteile zusammenfaßt, innerhalb eines Konzerns können die Divisions als rechtlich selbständige Tochtergesellschaften organisiert sein, sie können aber auch über mehrere selbständige Konzerngesellschaften hinweggreifen und Teile der einzelnen Unternehmen erfassen. Als Spartenleitungen können sowohl einzelne Mitglieder der Unternehmens- oder Konzernleitung fungieren, ebenso können die Spartenleiter aber auch als Angestellte auf der zweiten Managementebene arbeiten. Mit der Spartenstruktur werden damit ohne rechtliche Verselbständigung Unternehmen in Unternehmen geschaffen. Dies führt zwar nicht zu einer Einschränkung der Kompetenzen der Betriebsräte, die gestufte betriebsverfassungsrechtliche Mitbe-

---

280 *Bleicher*, Chancen für Europas Zukunft, 1989, S. 167.
281 *Glißmann*, Neuorientierung von Selbstverständnis und Aufgabe der betrieblichen Interessenvertretung, in: *Bullinger / Warnecke* (Hrsg.), Neue Organisationsformen in Unternehmen, 1996, Punkt 13.13.

stimmung durch Betriebsrat, Wirtschaftsausschuß, Gesamtbetriebsrat und Konzernbetriebsrat setzt jedoch voraus, daß diese Struktur korrespondiert mit der unternehmerischen Struktur Betriebsleiter, Arbeitgeber/Unternehmer, Konzernleitung. Eben diese Korrespondenz wird jedoch durch die dazwischengeschaltete Ebene der Unternehmen im Unternehmen unterminiert. Die betriebsverfassungsrechtliche Mitbestimmung funktioniert damit nur noch zum Teil.[282]

5. Fraktale Fabrik

Mit dem Begriff »fraktale Fabrik« wird ein über die Divisionalisierung hinausgehendes Konzept der internen Gliederung der Unternehmen umschrieben. Der Begriff »fraktal« (lat. fractus = gebrochen, fragmentiert) wurde eingeführt zur Charakterisierung von Organismen und Gebilden in der Natur, die mit wenigen sich wiederholenden Bausteinen zu vielfältigen und komplexen, den jeweiligen Aufgaben angepaßten Lösungen kommen können.[283] Charakteristisch für solche Organismen sind die Prinzipien der Selbstorganisation, Selbstoptimierung und Dynamik. Mit dem Begriff fraktale Fabrik werden diese Eigenschaften natürlicher Organismen auf Wirtschaftsunternehmen übertragen, die sich – so der Wunsch – wie lebendige Organismen ständig mit ihrer Umgebung auseinandersetzen und dabei neu strukturieren sollen. Das fraktale Paradigma faßt damit bewußt das Vielschichtige und Unvorhersehbare nicht als Störgröße, sondern als Ziel auf. Es orientiert sich an dem dynamischen Prozeß der Adaption. Kerneinheiten sind nicht starre Abteilungen, sondern selbständig agierende Unternehmenseinheiten, die auf die Unternehmensziele ausgerichtet sind, sich aber selbst organisieren und optimieren. Fraktale sind über leistungsfähige Informations- und Kommunikationssysteme vernetzt. Ihr Zusammenspiel wird nicht von oben vorgegeben, sondern ähnlich wie Kunden-Lieferanten-Beziehungen gestaltet. Produziert wird erst, wenn die Nachfrage des Kunden vorliegt; dann aber schnell und in variablen Stückzahlen. Der Erfolg eines Fraktals wird durch seine Zielerreichung festgestellt, jede andere Beurteilung entfällt. Die Leistungsmessung geschieht dabei jeweils für das Fraktal, grundsätzlich nicht für die einzelnen Mitarbeiter.[284] Inzwischen soll es in Deutschland über 50 Unternehmen geben,

---

282 *Wendeling-Schröder*, Divisionalisierung, Mitbestimmung und Tarifvertrag, 1984.
283 *Zeitler / Neidhardt*, Fraktale und Chaos. Eine Einführung, 2. Aufl. 1994.
284 *Miller*, Fraktale Fabrik / Die Produktionsweise für das 21. Jahrhundert, in: Handelsblatt v. 17. 7. 1996; Kamp, in: Mitbestimmung 6/96, S. 61 f.

die derartige fraktale Prinzipien eingeführt haben – von Produktionsbetrieben über das Bauwesen hin bis zu Verwaltungen und Dienstleistungsunternehmen. Angeblich werden Leistungssteigerungen bis zu 50% erzielt, die darauf hinweisen, welche großen Potentiale durch derartige Strukturen erschlossen werden können.

6. Intrapreneur-Konzept

Das bisher am weitestgehende Konzept zur inneren Umstrukturierung von Unternehmen ist das Intrapreneur-Konzept. Intrapreneur ist ein Kurzwort für Intra corporative enterpreneur, d. h. Unternehmer im Unternehmen. Intendiert wird, daß sich grundsätzlich jeder Arbeitnehmer wie ein Unternehmer fühlt und verhält. Die grundlegende Neuerung des Intrapreneurkonzepts liegt ebenfalls im Selbstorganisationsansatz, in der indirekten Steuerung durch Orientierung am Markt und in ihrer Durchstrukturierung bis auf den einzelnen Arbeitnehmer. Jeder einzelne Beschäftigte wird direkt mit den Konkurrenzbedingungen und den Anforderungen der Kunden auf dem Markt konfrontiert. Weil jeder einzelne damit die Anforderungen des Marktes selbst sieht, weil er den Rationalisierungsdruck unmittelbar spürt, wird er alles daransetzen, am Markt zu bestehen und die Kundenwünsche zu erfüllen. Gelingt dies nicht, sinkt der Umsatz, können die Leistungen nicht zu einem profitablen Preis verkauft werden, dann müssen in der Konsequenz die Beschäftigten selbst ihre Leistung steigern oder auf Einkommen verzichten. Der amerikanische Wirtschaftswissenschaftler Pinchot hat das Konzept des Intrapreneurs als Antwort auf die Schwerfälligkeit und mangelnde Innovationsfähigkeit von Unternehmen entwickelt. Seine Grundannahme ist, daß größere Unternehmen die Qualifikation und Kreativität der Beschäftigten zu wenig fördern und nutzen, daß sie durch Kompetenzgerangel Abteilungs- oder auch Spartenegoismus die Ideen der Beschäftigten bremsen und torpedieren. Die Konsequenz des Intrapreneurkonzeptes ist ein extrem weitgehender Verzicht auf jede hierarchische Einflußnahme auf die Mitarbeiter. Es gilt im Gegensatz dazu, Mitarbeiter zu suchen, die ihre Ideen auch unter hohem persönlichen Risiko, gegen Widerstände, unter Umgehung von Hierarchie, Dienstweg oder Vorschriften und unter Verzicht auf ihre eigenen Rechte verfolgen und so zu neuen Entwicklungen kommen. Derartige Mitarbeiter seien zu fördern, mit den notwendigen Ressourcen auszustatten und gegen Angriffe aus dem eigenen Unternehmen abzuschirmen.

Wenn auf der Basis derartiger Konzepte jedoch behauptet wird, die

Gesellschaft der Selbständigen sei bereits Realität, die Befreiung von abhängiger Arbeit durchgesetzt und damit z. B. Gewerkschaften und kollektive Interessenvertretung obsolet, dann wird der besondere Charakter des Intrapreneurkonzeptes verkannt: es geht bei diesem Konzept nicht darum, viele Beschäftigte zu Unternehmern zu machen, sie sollen sich nur wie Unternehmer verhalten.[285] Informationen über die Verbreitung dieser Konzepte in der BRD liegen derzeit noch nicht vor.

Insgesamt läßt sich für alle Varianten der Implementation von Selbststeuerungssystemen feststellen, daß sie anders als die Systeme der unternehmensorganisatorischen Rationalisierung die Strukturen kollektiver Interessendurchsetzung nur im geringen Maße zersplittern oder auflösen. Die Aushöhlungstendenzen, die durch die Schaffung rechtlich nicht vorgegebener und damit auch kollektivrechtlich nicht erfaßbarer Entscheidungseinheiten (Divisions, Fraktale oder ähnliches) entstehen, lassen sich grundsätzlich durch eine Anpassung der Organisationsstrukturen der Mitbestimmung an die Entscheidungsstrukturen vermeiden. In der Praxis gibt es zahlreiche Anpassungsmodelle dieser Art. Sie sind allerdings rechtlich (noch) etwas problematisch, weil etwa § 3 BetrVG insoweit viel zu eng gefaßt ist. Hier besteht ein akuter gesetzgeberischer Handlungsbedarf.[286] Der entscheidende Effekt selbststeuernder Systeme liegt m. E. aber auf der Ebene der Vereinzelung. Bezogen auf den einzelnen Arbeitnehmer eröffnen die neuen Strukturen, die zu einer direkten Marktanbindung aller Unternehmenseinheiten führen, zunächst zu einer größeren Autonomie. Anweisungen und Hierarchieprobleme entfallen. Die »Kosten« dieses Autonomiezuwachses bestehen aber darin, daß – ähnlich wie bei den neuen Selbständigen – jeder unmittelbar mit den Sachzwängen konfrontiert wird. Dies führt u. a. dazu, daß das Bewußtsein von Gemeinsamkeit im Betrieb schwindet. Die anderen Beschäftigten werden teilweise als Konkurrenten erlebt, teilweise als Belastung – dies immer dann, wenn vermutlich oder real die Anforderungen an Intensität und Qualität der Arbeit nicht erfüllt werden. Als gemeinsames Interesse wird nur noch das extern vorgegebene Ziel »Marktfähigkeit« wahrgenommen.

---

285 *Elbe*, Die Mitbestimmung 9/96, S. 17 f.; *Klein-Schneider*, Die Mitbestimmung 5/96, S. 62 f.; *Hank*, Arbeit – Die Religion des 20. Jahrhundert, 1995; *Pinchot*, Mitarbeiter als Unternehmer, 1988.
286 Ausführlicher *Wendeling-Schröder*, Probleme der Divisionalisierung von Unternehmen und Konzernen, in: *Kießler / Kittner / Nagel* (Hrsg.), Unternehmensverfassung, Recht und Betriebswirtschaftslehre, 1983, S. 167 ff.

Parallel zu dieser Vereinzelungstendenz ergibt sich auch ein inhaltlicher Funktionsverlust für die Interessenvertretungsgremien: in einer Organisation, die auf Anweisungen und Regelungen beruht, besteht eine der Hauptaufgaben der Interessenvertretung darin, diese Regeln auszuhandeln. In einer Organisation mit der Basis der Selbststeuerung gibt es solche Aushandlungsgegenstände gar nicht mehr. Gewiß gibt es auch unter den genannten Bedingungen Schutzbedürfnisse der Arbeitnehmer, vielleicht sogar in stärkerem Maße. Gewiß gibt es nach wie vor auch die Personalleitung als letztlich entscheidende Instanz. Form und Inhalt von Handlungsmöglichkeiten für Betriebsräte und Gewerkschaften sind aber in Frage gestellt.[287]

IV. Systemalternativen im Arbeitsrecht?

Die bisherige Untersuchung hat gezeigt, daß trotz der Tendenzen zur Differenzierung der Arbeitnehmerinteressen und der neuen Probleme der unternehmensorganisatorisch induzierten Vereinzelung der Arbeitnehmer nach wie vor ein Schutzinteresse der Arbeitnehmer besteht. Wegen der genannten grundlegenden Veränderungen ist jedoch zu diskutieren, welche neuen Inhalte und Handlungsformen insbesondere für das kollektive Arbeitsrecht und hier vorrangig für die Mitbestimmung möglich und nötig sind. Solche Anpassungsleistungen sind erforderlich, um die Interessenbalance in diesem Bereich der Gesellschaft aufrecht zu erhalten.

Dem kann nicht entgegengehalten werden, eine innere Aushöhlung arbeitsrechtlicher Instrumente sei durchaus erwünscht, weil so deregulierende Effekte einträten. Zwar ist – vor allem von Nicht-Juristen – seit einigen Jahren mehr oder weniger vehement ein Abbau arbeitsrechtlicher Schutzstandards zur Sicherung des Standorts Deutschland gefordert worden. Diese Sicht verkennt jedoch die Tatsache, daß ohne einen Ausgleich der Interessen im Bereich der Arbeitsbeziehungen sozialer Friede nicht möglich ist, das dieser aber gleichzeitig unverzichtbare Voraussetzung der Demokratie ist. Der Präsident des Bundesarbeitsgerichts hat diese Tatsache in prägnanter Kürze formuliert: »In Wahrheit

---

287 Zur Schwierigkeit des Umgangs mit »Selbstausbeutung« vgl. für den Fall der neuen Selbständigen überzeugend *Kreuder*, ArbUR 1996, S. 386 (388 ff.), zu den neuen Chancen dieser Entwicklung vgl. *Dieterich*, Mitbestimmung im Umbruch, demnächst in ArbuR.

lassen sich ökonomische und gesellschaftliche Sachzwänge nicht gleichsetzen. Arbeitslose sind zwar für die Produktion entbehrlich, lösen sich aber nicht in Luft auf. Sie bleiben aktive Mitglieder der Gesellschaft und behalten als Bürgerinnen und Bürger ihre Grund- und Wahlrechte. Sie können von ihrem Staat mehr verlangen als ein günstiges Investitionsklima. Vor allem erwarten sie sozialen Frieden ....«[288] Orientierungspunkt für Systemalternativen im Arbeitsrecht muß damit wiederum ein »Sozialvertrag« sein, dieser muß aber die genannten neuen Tendenzen einbeziehen, er muß sozusagen »wettbewerbsfähiger« sein als die bisherigen Strukturen unter den neuen Bedingungen sein können.[289] In Anbetracht der hohen Flexibilität der neuen wirtschaftlichen Strukturen wird es in der Tendenz um mehr Vertraglichkeit und weniger Gesetzlichkeit gehen. Garantiert sein muß aber, das Schutzvolumina und Partizipationschancen der Beschäftigten nicht davon abhängig sein dürfen, ob Produktions- und Marktstrategien des jeweiligen Arbeitgebers dies als zweckmäßig erscheinen lassen, sondern daß sie als industrielle Bürgerrechte anzuerkennen sind.[290]

Dem entspricht es, daß auch die Führung der einzelnen Unternehmen weiter am Gesichtspunkt der Einbeziehung der Arbeitnehmerinteressen und am Gedanken der Sozialpflichtigkeit des Eigentums orientiert bleiben muß. Dies gilt gerade auch im deutlichen Gegensatz zum Shareholder-Value-Ansatz. Das Shareholder-Value-Prinzip bedeutet, daß alle Anstrengungen des Unternehmens darauf gerichtet sein müssen, den Wert des Unternehmens für seine Eigentümer (Shareholder) zu steigern. Daraus folgt, daß sich alle Unternehmensentscheidungen darauf orientieren müssen, daß ihr Ergebnis für die Anteilseigner nicht schlechter sein darf als eine gleichzeitige Anlage auf dem Kapitalmarkt. Bei Unterschreiten dieser Grenze werden Arbeitsplätze abgebaut, Unternehmen verkauft und Betriebe stillgelegt, selbst dann, wenn sie noch »schwarze Zahlen schreiben«. Betriebswirtschaftlich ist das Shareholder-Value-Konzept als Rechentechnik weitgehend akzeptiert, als Maxime für die Unternehmensstrategie jedoch umstritten, weil eine enge Dividendenorientierung zu einem sehr kurzfristigen Gewinnmaximie-

---

288 *Dieterich*, Mitbestimmung im Umbruch, demnächst in ArbuR.
289 Vgl. zur Suche nach dem neuen Sozialvertrag in den Ländern Europas beispielhaft die Tagung in Florenz »A New Social Contract« v. 5/6. 10. 1995.
290 Zu diesem Begriff vgl. *Streek*, in: Die Mitbestimmung 10/96, S. 16 (20); zum ähnlichen Begriff des »Travailleur-Citoyen«: *Simitis* beim 5. Europäischen Regionalkongreß der Internationalen Gesellschaft für Arbeitsrecht und soziale Sicherheit, Fn. 1.

rungspostulat führt. Darüber hinaus – und dies ist für unseren Kontext wichtig – verkennt es die Notwendigkeit, auch unternehmensintern so etwas wie den sozialen Frieden zu ermöglichen. Auch wenn die Motivation der Arbeitnehmer, ihre Identifikation mit den Unternehmenszielen etc. sich schwer als Vorteile für das Unternehmen beziffern lassen, ist doch weitgehender Konsens, daß es sich hier durchaus um wichtige Elemente der Produktivität handelt.[291] Dieser Effekt ist ja gerade auch Grundlage der oben dargelegten neuen Unternehmensstrategien. Deshalb kann es auf dieser Ebene im Endeffekt nicht darum gehen, soziale Verantwortung für die Unternehmen abzuschaffen, sondern es muß darum gehen, sie lohnend zu gestalten.[292]

Schließlich bleibt darauf hinzuweisen, daß es problematisch sein kann, wenn der Gesetzgeber sich allzu vordergründig an den jeweils konkreten Interessen einzelner Belegschaften orientiert. Im neuen arbeitsrechtlichen Beschäftigungsförderungsgesetz,[293] das seit dem 1. 10. 1996 in Kraft ist, gibt es eine in diesem Sinne bedenkliche Regelung: der neue § 1 IV Kündigungsschutzgesetz läßt Auswahlrichtlinien für Kündigungen nunmehr über § 95 BetrVG hinaus ausdrücklich auch in Tarifverträgen, Personalvereinbarungen und dann zu, wenn sie in Betrieben oder Verwaltungen ohne gewählte Arbeitnehmervertreter mit Zustimmung von mindestens ⅔ der Arbeitnehmer des Betriebes oder der Dienststelle schriftlich erlassen sind. Die Änderung gegenüber dem bisherigen Recht besteht einmal darin, daß solche Richtlinien nicht mehr eine individuelle Abschlußprüfung vornehmen müssen. Das Gesetz sagt insoweit ausdrücklich, daß wenn in solchen Richtlinien die sozialen Gesichtspunkte Betriebszugehörigkeit, Lebensalter und Unterhaltspflichten etwa durch ein Punkteschema zueinander gewichtet worden sind, die Gerichte solche Richtlinien nur noch auf grobe Fehlerhaftigkeit überprüfen können; grobe Fehlerhaftigkeit ist typischerweise anzunehmen, wenn die Gewichtung von Betriebszugehörigkeit, Lebensalter und Unterhaltspflichten des Arbeitnehmers jede Ausgewogenheit vermissen läßt.[294] Neu ist außerdem und vor allem, daß nach § 1 IV KSchG Auswahlrichtlinien in betriebs- und personalratslosen Betrieben mit Zustimmung von mindestens ⅔ der dort beschäftigten

---

291 Ebenso neuestens auch: Bundesverkehrsminister *Wissmann*, Handelsblatt v. 5. 11. 1996.
292 So der Bundespräsident *Roman Herzog* in einem Vortrag vor Führungskräften der VEBA, vgl. Handelblatt v. 5. 11. 1996.
293 Vom 25. 9. 1996, BGBl I, 1476.
294 Vgl. Begründung des Gesetzentwurfes, BT-Drucksache 13/4012, S. 9.

Arbeitnehmer erlassen werden können. Zweck dieser Regelung soll es sein, daß die von den Auswahlrichtlinien erwartete größere Rechtssicherheit auch solchen Betrieben zugute kommen soll.[295] Im gesetzlichen Arbeitsrecht ist diese Regelung aber ein absolutes Novum, das u. a. erhebliche Probleme des Minderheitenschutzes aufwirft.[296] Aufgegriffen wird mit einer solchen Regelung zwar der auch im europäischen Ausland betonte Gedanke, den Belegschaften selbst Rechte zuzuweisen, gleichzeitig werden aber in recht drastischer Weise Individualrechte in die Disposition dieser Belegschaften gestellt, die sich ja kein Arbeitnehmer aussuchen kann und die nicht durch Wahlen oder ähnliches legitimiert sind. Dies scheint mir ein Schritt in die falsche Richtung zu sein.

---

295 Vgl. Beschlußempfehlung und Bericht des federführenden Arbeits- und Sozialausschusses des Deutschen Bundestages, BT-Drucksache 13/5107 zu Art. 1 Nr. 1, S. 30.
296 Vgl. dazu und zu den sonstigen praktischen Problemen: *Bader*, NZA 1996, S. 1125 (1131 ff.) mit weiteren Nachweisen.

Diskussionsbeiträge

Wolfgang Zöllner

Herr Kittner, ich frage mich angesichts der Vielfalt der Gedanken, die uns hier ausgebreitet worden sind, und die ich sämtlich äußerst interessant und diskussionswürdig finde, ob wir uns nicht auf einen etwas engeren und strukturierteren Gegenstand einigen können, damit wir nicht so furchtbar ins Weite diskutieren. Also Gesellschaftsdiagnose zum Beispiel, da fühle ich mich eigentlich nicht so übertrieben kompetent. Man kann über viele solche Dinge natürlich interessant sprechen. Auch die schönen Modelle, die uns Frau Wendeling-Schröder vorgeführt hat. Die fraktale Fabrik: Ich frage mich, was für ein Unternehmen, das ich kenne, und ich kenne ziemlich viele, hat eigentlich diese Struktur schon. Also bleiben wir doch mal im Land und nähren uns juristisch redlich. Das Entrepreneur-Konzept, alles interessant, aber wenn wir uns in diese Dinge verlieren, dann kommen wir natürlich innerhalb eines Tages nicht besonders weit. Die Frage wäre doch, ob wir es nicht ein bißchen stärker an die Juristerei anbinden und fragen, welche rechtlichen Dinge eigentlich in bezug auf eine Individualisierung wir hier besprechen wollen. Und wir sollten auch nicht darüber reden, ob das nunmehr Re-Individualisierung ist oder nicht. Das ist auch, glaube ich, nicht so wichtig. Und wir sollten die Grenzen zur Flexibilisierung und diese Dinge vielleicht auch nicht zu stark ziehen.

Ich könnte mir doch vorstellen, daß wir eben sprechen, inwieweit wir die individuellen Gestaltungsmittel stärker aktivieren können, ohne unser ja unverzichtbares Grundanliegen, einen ausreichenden Schutz des Arbeitnehmers, aufzugeben. Wie weit kann man da Grenzen absenken, wie kann man die Grundsicherung gestalten? Das, was Sie, Frau Wendeling-Schröder, so schön gesprochen haben von industriellen Bürgerrechten oder etwas ähnlichem, das ist eine Möglichkeit, wie man das machen kann. Im übrigen muß man natürlich auch sehr streng darauf achten, wovon man spricht. Spricht man nur von Gestaltungsmitteln oder ist das Ziel tatsächlich die unterschiedliche Ausgestaltung der einzelnen Arbeitsverhältnisse. Im Grunde geht ja natürlich der Wunsch, von Tarifverträgen wegzukommen, keineswegs dahin, daß man eine individuelle Ausgestaltung des einzelnen Arbeitsverhältnisses will. Im Gegenteil, das wollen die Unternehmer vielfach überhaupt nicht. Und sie wollen natürlich auch nicht restlos von den anderen Gestaltungsmitteln weg, wie der Betriebsvereinbarung. Die ist immer wieder recht, wenn es darum geht, abzusenken, weil das viel bequemer geht als das individuelle Gestaltungsmittel der Kündigung. Die Kündigung wiederum kann nur funktionieren, wenn man den Kündigungsschutz absenkt, unter Umständen sogar sehr weit absenkt. Das sind Fragen, die in schwierigen und, wie ich Frau Wendeling-Schröder zugeben muß, in sehr komplexen Zusammenhängen stehen. Trotzdem kann natürlich die Reduzierung von Komplexität schon ein gutes Mittel sein, die Probleme besser zu durchschauen. Also meine Bitte wäre, daß wir uns darüber einig wären, das Programm doch etwas schlanker zu gestalten.

Manfred Weiss

Ich signalisiere große Übereinstimmung mit Herrn Zöllner. Gegen allzu postmoderne Zugriffsweisen bin ich skeptisch. Wenn man anfängt, die Welt unter den Perspektiven »fraktale Fabrik« und »Entrepreneur-Konzepte« zu betrachten, ist Vorsicht geboten. Vor noch nicht so langer Zeit war es Mode, das Arbeitsrecht aus der Sicht des Tele-Arbeitnehmers umzudefinieren. Auf einer Konferenz in Dublin habe ich schon damals darauf hingewiesen, daß auf jeden Tele-Arbeitnehmer in Europa zehn ihn erforschende Wissenschaftler entfallen. So scheint es mir hier auch zu sein. Deshalb möchte ich gern einen methodischen Einwand formulieren: Wir sollten das Arbeitsrecht nicht im Hinblick auf Marginalerscheinungen entwickeln, sondern an Strukturen anknüpfen, die noch immer und in absehbarer Zeit den Regelfall bilden. So weit meine erste Bemerkung.

Auch meine zweite Bemerkung liegt auf der Linie von Herrn Zöllner. Mit ihm meine ich, daß wir keine falschen Fronten aufbauen sollten. Aus den seine schriftliche Version doch sehr relativierenden Ausführungen von Herrn Junker ist ja schon deutlich geworden, daß es nicht um totale Individualisierung geht. Wie Frau Wendeling-Schröder gesagt hat, ist der Umbau kollektiver Strukturen erforderlich, nicht deren Abschaffung. Wohin totale Individualisierung führt, kann man inzwischen an einer Reihe von Ländern studieren. Nehmen wir das Land, aus dem Herr Kohler kommt: die USA. Dort beobachten wir einen Prozeß der Dekollektivierung und der Deinstitutionalisierung sowie der Deregulierung. Das führt zum einen zu einer immer größeren Zahl von »working poor«, deren individueller Spielraum gegen null tendiert. Zum anderen wird dadurch eine Situation heraufbeschworen, die inzwischen in der ökonomischen Literatur immer häufiger beklagt wird. Es werden nämlich Entwicklungen verschlafen, weil der Druck fehlt, Innovationen im Produkt- und Verfahrensbereich zu entwickeln. Umgekehrt haben die Arbeitnehmer keine Möglichkeit, Langzeitperspektiven zu entwickeln. Das führt zu Demotivation und zum Absinken der Qualifizierungsbereitschaft. Das bei uns vielgepriesene amerikanische

Modell dürfte mittel- und langfristig wohl kaum geeignet sein, individuelle Bedürfnisse optimal zu befriedigen, auch wenn diese Legende hier immer wieder gezielt verbreitet wird. Kurzum: das Anschauungsmaterial für eine Politik der totalen Individualisierung ist nicht sehr überzeugend.

Mit meiner letzten Bemerkung möchte ich an etwas anknüpfen, was beide Referenten gefordert haben, daß wir nämlich differenziert an die Dinge herangehen müssen. Nur frage ich mich, wo diese Differenzierung bleibt, wenn Herr Junker Phänomene wie Auflösungs- und Aufhebungsvertrag auf der einen Seite und Rückzahlungsvorbehalte auf der anderen Seite in einen Topf wirft. Bei Aufhebungsverträgen geht es um den Fortbestand des Arbeitsverhältnisses. Dort manifestieren sich wie nirgendwo sonst die Auswirkungen des strukturellen Ungleichgewichts. Man kann doch die dabei zutage tretenden Überrumpelungsstrategien und Drohpotentiale nicht ignorieren. Hier ist es offensichtlich notwendig, durch Schutzmechanismen gegenzusteuern. Ob diese Notwendigkeit bei Rückzahlungsvorbehalten im Bereich freiwilliger Leistungen auch besteht, ist aber eine ganz andere Frage. Da dort die Existenz des Arbeitsplatzes nicht auf dem Spiel steht, ist eventuell ein gewisses Machtungleichgewicht eher zu ertragen. Ich will die Frage hier nicht diskutieren, sondern nur darauf hinweisen, daß insoweit eine differenzierende Betrachtungsweise erforderlich ist, um den jeweils tangierten Interessen gerecht zu werden.

Spiros Simitis

Ich habe nichts dagegen, daß man den Diskussionsbereich einschränkt und sehe auch ein, daß viel dafür spricht, einige der bereits erwähnten Punkte gar nicht erst aufzugreifen. Ich frage mich aber, ob wir uns nicht doch, wenigstens kurz, darüber unterhalten sollten, was wir genau meinen wenn wir von »Individualisierung« sprechen. Schon deshalb, weil man manchmal das Gefühl hat, kein einziges arbeitsrechtliches Thema würde dabei ausgelassen. Stichworte, wie sie heute morgen immer wieder gefallen sind, angefangen von der »Dezentralisierung« bis hin zu den detaillierten Reflexionen über die einzelnen Entscheidungsgrenzen sind bezeichnend dafür. Der Ansatz muß, so scheint mir, ein ganz anderer sein. Das Arbeitsrecht ist, verkürzt formuliert, aus der wachsenden Einsicht entstanden, daß die einzelnen Arbeitnehmer nicht in der Lage sind, ihre Interessen individuell wahrzunehmen und in ihre individuellen Verträge erfolgreich einzubringen. Zwingende gesetzliche Vorschriften und kollektive Abmachungen sind deshalb das Fundament des Arbeitsrechts und dokumentieren zugleich sein Ziel, die mangelnde Fähigkeit der einzelnen Arbeitnehmer, ihre Vorstellungen und Erwartungen durchzusetzen, aufzufangen und auszugleichen. Fremdbestimmung ist, so gesehen, das Korrektiv der fehlenden Selbstbestimmung.

Beides, die kollektiven Regelungen und die gesetzlichen Bestimmungen, haben Situation und Position der einzelnen Arbeitnehmer radikal verändert, ohne Rücksicht im übrigen auf die Motivation der jeweiligen Normen. Anders und konkreter ausgedrückt: Sie haben Stück für Stück jene mangelnde Fähigkeit, selbst zu agieren, gleichsam abgetragen und die Chancen der einzelnen Arbeitnehmer kontinuierlich verbessert, ihrer individuellen Interessen nicht nur bewußt zu werden, sondern diese auch vorzubringen und zu verteidigen. Die graduelle Anerkennung der Grundrechte im Rahmen des Arbeitsprozesses und die immer deutlicher artikulierte Verpflichtung, die Voraussetzungen und Grenzen der Befugnisse von Betriebsräten und Tarifvertragsparteien auch und gerade vor dem Hintergrund der Rechte des einzelnen Arbeitnehmers und seiner Interessen zu überdenken, sind typische Beispiele dafür.

Wenn deshalb von »Individualisierung« die Rede ist, dann geht es in erster Linie um die Wahrnehmung des einzelnen Arbeitnehmers als selbständiger Person und die Auseinandersetzung mit seinen Gestaltungsmöglichkeiten. Ebenso klar ist aber auch: Die wachsende Selbständigkeit des einzelnen Arbeitnehmers und die Verpflichtung, sie zu respektieren, zwingen dazu, die verschiedenen arbeitsrechtlichen Regelungsinstrumente zu überprüfen, sich also bei jedem von ihnen zu fragen, wie es sich mit der veränderten Position der einzelnen Arbeitnehmer verträgt und wie seinem Anspruch Rechnung getragen werden kann, als Person gesehen und respektiert zu werden.

Vor diesem Hintergrund, aber auch nur vor diesem, erscheint es auch angebracht, ja geradezu notwendig, auf die veränderte Unternehmensstruktur und die damit zwangsläufig verbundenen Konsequenzen für die unternehmensinternen Entscheidungsprozesse einzugehen. Der Blick richtet sich mehr und mehr auf den einzelnen Arbeitnehmer und damit auf die Frage, wie Arbeitsrecht konzipiert sein muß, um Individualität zu stärken und Selbstbestimmung zu entfalten.

Thomas Dieterich

Ich fand das, was Herr Simitis gesagt hat, schon sehr konkret. Da könnte man sofort ansetzen. Doch noch einmal zurück zu der Forderung von Herrn Zöllner, deutlicher zu unterscheiden zwischen einerseits gesellschaftlicher Analyse, für die wir nicht zuständig seien, andererseits rechtlichen Konsequenzen, die unser eigentliches Geschäft bilden. Ich habe Zweifel, ob sich die Kompetenzgrenzen und das Problemfeld so scharf fassen lassen.

Die beiden Vorträge haben gezeigt, daß die Wahrnehmung von Wirklichkeit die Gedanken leitet und die Überlegungen der beiden Referenten auseinandergetrieben hat. Sie selbst, Herr Zöllner, haben in einem Vortrag zu Ungleichgewichtigkeiten im Privatbereich einmal gesagt, das ganze Problem beruhe auf einer bestimmten Wirklichkeitsinterpretation. Zwischen Wahrnehmung und Interpretation von Wirklichkeit sehe ich keinen großen Unterschied. Man kann ja ohne Interpretation wahrnehmen. Selbst Naturwissenschaftler geben das zu. Also müßten wir uns wenigstens darüber einig sein, daß wir bei dieser ganzen Diskussion von bestimmten, allerdings unterschiedlichen Bildern der Wirklichkeit ausgehen.

Und hierbei ist mir aufgefallen, wie sehr die beiden Referenten auf weite Strecken im Ansatz übereinstimmen. Auch ich gehe mit ihnen in der Feststellung dramatischer Veränderungen der Wettbewerbssituation und der Arbeitswelt konform. Hier wird auch niemand bestreiten, daß Unternehmen selbstverständlich gewinnorientiert arbeiten müssen. Ebenso selbstverständlich ist es legitim, Kostenvorteile zu nutzen usw., Pluralisierung, Fraktalisierung – alles o.k. Was ich aber nachtragen möchte, was bei beiden Referenten kaum anklingt, zumindest aber zu friedlich wirkt, das ist der enorme soziale Druck, der hinter dem ganzen Problem steht, seine Explosivkraft. In Wirklichkeit diskutieren wir hier auf einem Pulverfaß. Wir sind nicht ganz so frei, intellektuelle Kompositionen zu entwickeln und mit Gelassenheit einzuordnen. Angesichts der riesigen Arbeitslosigkeit könnte es sehr gefährlich sein, mit Herrn Junker von dem Bild einer Michael-Schumacher-Generation auszugehen, uns also an einem Prototyp zu orientieren, der gerne aus der zweiten Reihe startet, Kopf und Kragen riskiert und dann begeistert die Menschheit mit Schampus bespritzt. Das ist wahrscheinlich für die meisten Menschen nicht das zentrale Problem. Ich befürchte, das zentrale Problem wird eher noch das des Truckers sein, der keine Chance mehr sieht und aus Protest seinen Lastzug einfach quer über die Autobahn stellt. Das sehen wir in Frankreich. Und das halte ich für eine reale Gefahr. Ich fürchte, daß sehr viele Menschen die dramatischen Entwicklungen, die beide Referenten zutreffend beschrieben haben, als Zerstörung ihrer Zukunft deuten. Da ist kein Lückenproblem, da ist Perspektivlosigkeit. Wenn diese Menschen die Hoffnung aufgeben, werden sie einfach keinen Sinn mehr darin sehen, sich noch an irgendwelche Rechtsregeln zu halten. Darauf wollte ich hinweisen, damit wir die Sache nicht ganz so idyllisch beschreiben.

Ulrich Zachert

Ich möchte an meinen Vorredner anknüpfen, aber vielleicht damit beginnen, daß ich –, ich glaube, wir alle – große Schwierigkeiten hatte, nach diesen interessanten Referaten »die Pakete« aufzuschnüren. Und das ist in den ersten Diskussionsbeiträgen, insbesondere in dem von Herrn Zöllner, auch deutlich geworden. Diese Brenner-Runde, die für mich die dritte ist, ist aus meiner Sicht dadurch gekennzeichnet, daß das Thema noch mehr als die vorangegangenen den engen Rahmen juristischer Fragestellungen sprengt. Es ist noch stärker mit rechtspolitischen und rechtssoziologischen Fragestellungen verbunden, denn es geht bei der Frage der Individualisierung um Gefährdungslagen, um Störungen des Gleichgewichts. Also etwa beim Aspekt des Schutzgebotstheorems, das in Ihrem schriftlichen Beitrag, Herr Junker, eine große Rolle spielt. Ich glaube, wir kommen als Juristen nicht darum herum, die sozialen Grundlagen und empirischen Tatbestände zu analysieren. Und da steckt, wie bereits gesagt, das Problem. Zum Teil kennen wir sie richtig, etwa zu den von Herrn Weiss angesprochenen Aufhebungsverträgen. Ich kenne keine repräsentative Untersuchung zu Aufhebungsverträgen. Und es mag durchaus sein, wie Herr Junker sagt, daß Aufhebungsverträge teilweise von Betroffenen gewünscht sind. Zur neuen Selbständigkeit gibt es eine neuere Untersuchung vom Bundesarbeitsministerium, die aber, soweit ich weiß, auch noch nicht veröffentlicht ist. Da tappen wir zum Teil immer noch mit der Stange im Nebel und das führt, denke ich, dann auch zu unterschiedlichen juristischen Einschätzungen. Ein anderes Problem scheint mir zu sein, daß wir zum Teil sehr gute empirische Untersuchungen haben, aber sie nicht genügend oder überhaupt nicht zur Kenntnis nehmen. Ich erinnere an die Untersuchung der Max-Planck-Gesellschaft zum Kündigungsschutz aus dem Jahr 1980. Die Zahlen sind trotz des Urteils des Bundesarbeitsgerichts zum vorläufigen Weiterbeschäftigungsanspruch wohl immer noch relevant. Lediglich 1,3 Prozent der Gekündigten bekommen durch die Kündigungsschutzklage ihren Arbeitsplatz. Drittes Beispiel in diesem Zusammenhang: der Tarifvertrag. Der Tarifvertrag, darüber gibt es Untersuchungen, ist sehr viel differenzierter als es in der juristischen Diskussion dargestellt wird. Über Abwesende soll man jetzt nicht reden, aber sehr kluge juristische Kollegen sprechen immer noch vom »Bundeseinheitstarifvertrag«, den es so, und das ist empirisch zu belegen, nicht gibt. Vermutlich wird man wie beim arbeitskampfrechtlichen Paritätsbegriff auf *typische Gefährdungslagen* abstellen müssen und versuchen, die sozialen Positionen zumindest annähernd zu erfassen.

Ich möchte noch ein paar Dinge zum Grundsätzlichen sagen, aber dann einen kleinen Sprung zum Verfassungsrecht machen, und da wird es dann konkreter. Als ich Ihr Referat, Herr Junker, las und hörte, fiel mir auf, daß ich in sehr vielen grundsätzlichen Aussagen mit Ihnen übereinstimmen konnte. Also die These 4 zur Pluralität der Lebensentwürfe, die These 8, die Dynamik als Chance zu begreifen. Und als es dann darum ging, diese Thesen auf die konkrete Ebene herunterzubrechen, kam ich zu unterschiedlichen Resultaten. Etwa die Bewertung der Schutzgebotstheorie, etwa die Außenseiterfrage, Viessmann-Urteil, Chancen und Risiken der neuen Selbständigkeit. Und einer der Gründe, und damit komme ich auf das zurück, was ich eingangs sagte, liegt meines Erachtens darin, daß unseren juristischen Einschätzungen ein sehr unterschiedliches Bild von den sozialen Fakten und damit auch von Individualität und dem Kollektivgedanken zugrunde liegt. Wenn man »Individualität« als Freiheit, Emanzipation und Selbstbestimmung versteht und mit dem Gedanken des »Kollektiven« Bürokratie, Fremdbestimmung und Zwang assoziiert, dann ist vieles von den konkreten Ergebnissen, die Sie präsentieren, plausibel oder sogar zwingend. Und richtig daran ist, Herr Simitis hat das bereits schon angedeutet, daß wir spätestens seit Max Weber wissen, daß das Individuum durch Bürokratien gefährdet und daß auch das Arbeitsrecht zu Fremdbestimmung führen und Fremdbestimmung vielleicht sogar institutionalisieren *kann*. Wir haben auf der anderen Seite konkretes Anschauungsmaterial darüber, daß das Individuum durch einen ausufernden Individualismus gefährdet ist. Auf Herrn Kohler war schon hingewiesen. Die USA, soweit wir das von ferne beurteilen können, bieten viel an lebendigem Anschauungsmaterial, und es hat mich sehr beeindruckt, wie Sie, Herr Kohler, auf dem letzten »Bonner Gespräch« von dem Zerfall politischer Parteien, der »just-in-time-Ehe« von einer Durchschnittsdauer von fünf Jahren und dem »just-in-time«-Arbeitsverhältnis von einer Durchschnittsdauer von viereinhalb Jahren berichteten. Sie sehen, ich habe das nicht vergessen. Und ich meine, auch für die Bundesrepublik, die natürlich mit ihren festeren Strukturen nicht mit den USA auf eine Ebene gesetzt werden kann, habe ich Zweifel, ob die Privatautonomie, wie Sie, Herr Junker schreiben, zur Zeit und in den nächsten Jahren »in so hellem Licht erstrahlen wird«.

Deshalb halte ich Ihre These 1, Frau Wendeling-Schröder hat bereits darauf hingewiesen, wo Sie sagen, nicht das Kollektiv, sondern das Individuum ist das Leitbild der Verfassung, nicht für falsch. Aber ich meine, sie muß differenziert werden. Und hierzu nun ein paar verfassungsrechtliche Gedankensplitter, mehr nicht: Das Bundesverfassungsgericht sagt, das Menschenbild der Verfassung ist das Individuum, aber nicht das isolierte Individuum, sondern das Individuum in seinem Bezug zur Gesellschaft. Das Gericht spricht von Gemeinschaftsbezogenheit, ohne daß der Eigenwert des Individuums angetastet werden darf. Hier hat für mich das Sozialstaatsgebot seinen Stellenwert, und zwar einen hohen Stellenwert. Bei Ihnen kommt es meines Erachtens gar nicht vor oder, – vielleicht habe ich es überlesen –, es ist sehr blaß konturiert. Hierher gehören für mich die Verbände, und ich betone, *beide* Verbände, Arbeitgeberverbände und Gewerkschaften, die im Rahmen des Artikel 9 Absatz 3 des Grundgesetzes einen Beitrag zur dezentralen Regelung der Arbeits- und Wirtschaftsbedingungen ganz im Sinne des Subsidiaritätsprinzips leisten. Und in denselben Zusammenhang gehört für mich die Tarifautonomie als gebündelter Ausdruck von individueller Selbstbestimmung, also eine Fortsetzung privatautonomer Gestaltung mit qualitativ anderen Mitteln.

Ich fasse zusammen: Eine bloße Entgegensetzung von Individualität und Kollektivgedanken, Kollektivgewalt gegen Individualwille, greift aus meiner Sicht zu kurz. Es geht um eine Dialektik, es geht um, – ein hohes Wort –, »Herstellung praktischer Konkordanz«. Richtig ist allerdings, Herr Simitis hat das betont, Prüfstein muß letztlich sein, wie und ob im konkreten Fall individuelle Freiheit hergestellt werden kann. Und darum lohnt es sich allemal zu streiten. Ich hoffe, daß wir in der kommenden Diskussion das dann an einzelnen Fallbeispielen noch ein wenig verdeutlichen können, noch konkretere Positionen vertreten können, als ich sie in meinem Eingangsstatement Ihnen hier präsentiert habe.

Ulrich Preis

Ich möchte einen Gedankensplitter zur empirischen Analyse einbringen, im Anschluß an Herrn Zachert. Wir sollten festhalten, und das hat Herr Zöllner schon in seinem ersten Statement erwähnt, daß Unternehmen überhaupt keine Individualisierung wollen. Eine wirkliche Nutzung der individuellen Vertragsfreiheit ist im Arbeitsrecht nicht gewollt. Wir reden hier über Dinge, die niemand will. Vertragsfreiheit im Arbeitsrecht ist eine Schimäre. Wir brauchen keine großen Untersuchungen zum Thema Vertragsgestaltung in Deutschland. In dieser Untersuchung würde nur das stehen, was ohnehin in Deutschland jeder weiß, daß es praktisch ausschließlich standardisierte Vertragsgestaltungen gibt, in denen von autonomer Gestaltung wenig zu sehen ist. Dies gilt im übrigen auch bei leitenden Angestellten. Dort sind zumeist Verträge in Führungskreisebenen aufgeteilt, was sich etwa im Bereich der Lohnfortzahlung widerspiegelt. Je nach Führungskreisebene gibt es dort sechsmonatige, zwölfmonatige oder gar lebenslange Lohnfortzahlung im Krankheitsfall. Die Vertragsmuster hierzu kann ich gerne zur Verfügung stellen. Kurzum: Es sollte Klarheit darüber bestehen, daß, wenn wir hier den Begriff der Individualisierung benutzen, diese Individualisierung von denen, die sie vertreten oder vertreten lassen, in Wahrheit nicht gewollt ist. Wenn dem so ist, dann müssen wir über die Funktion der Individualisierungsdebatte nachdenken.

Michael Blank

Auf das Plädoyer von Herrn Zöllner zurückkommend, will ich eine Frage an Herrn Junker stellen. Ich habe es als Plädoyer dafür verstanden, den Topos der produktiven Zerstörung möge man doch getrost auf das Arbeitsrecht übertragen und dann werde man schon sehen, was daraus Schönes, Neues entsteht. Nun wird es niemanden verwundern, wenn ich in diesem Punkt sehr konservativ diskutiere und noch einmal den Blick darauf lenken möchte, ob wir nicht ein in der Grundstruktur sehr flexibles Arbeitsrecht haben. Damit meine ich die Trias Tarifautonomie, Betriebsautonomie und Privatautonomie. Sie haben einen sehr interessanten Aspekt zur Tarifautonomie im schriftlichen Teil Ihres Referats aufgezeigt. Sie sagen zum Fall Viessmann folgendes: Im Grunde genommen könnten die Arbeitnehmer ja aus der Gewerkschaft austreten, die anderen können ohnehin abweichende Verträge abschließen. Wo ist also das Problem? Das war ja schon immer möglich. Nur vor dem Hintergrund der Diskussion um Arbeitszeiten, die angeblich höhere oder bessere Günstigkeit längerer Arbeitszeiten, müssen wir feststellen, daß sich das so nicht durchgesetzt hat. Man hat in der Praxis erstaunlicherweise nicht davon Gebrauch gemacht, jedenfalls nicht in nennenswertem Umfang. Und in der Tat sind die Unternehmen bei Einheitsregelungen gerade auch mit nicht tarifgebundenen Arbeitnehmern geblieben. Warum? Offensichtlich weil es betriebliche Bedürfnisse dafür gibt. Warum brauchen wir hier eine produktive Zerstörung kollektiver Strukturen?

Dann möchte ich noch auf ein Stichwort eingehen, das Herr Zöllner im Zusammenhang mit dem Topos der industriellen Bürgerrechte gebraucht hat: Da sehe ich in der Tat eine Nuancenverschiebung, die sehr sorgfältig diskutiert werden sollte. Sie haben von einer arbeitsrechtlichen Grundsicherung gesprochen. Man kennt den Begriff der Grundsicherung aus anderen Zusammenhängen. Wenn ich zum Zahnarzt gehe, erzählt der mir auch, die Grundsicherung zahlt die Krankenkasse, alles andere müsse ich selber bezahlen. Ob wir diese Struktur im Arbeitsrecht gebrauchen können, erscheint mir insofern zweifelhaft, als wir hier auf zwei Ebenen diskutieren müssen. Unter Grundsicherung verstehe ich das, was von Verfassung wegen ohnehin jedem Bürger und jedem Arbeitnehmer an die Hand zu geben ist. Das Arbeitsrecht hat natürlich weitergehende Leistungen zu bringen. Es muß regeln, wie das Arbeitsverhältnis auf der Basis dieser Grundsicherung abzuwickeln ist. Zuletzt ganz unsystematisch noch eine kurze letzte Bemerkung zur Empirie. Es wäre natürlich sehr reizvoll, sich noch länger über die Schumacher-Gesellschaft zu unterhalten. Ich will zur Empirie, zur vielberufenen Globalisierung nur noch das Augenmerk auf das Trauerspiel des Entsendegesetzes lenken. Wir haben auf den Großbaustellen in Berlin und in der ganzen Bundesrepublik heute wieder die 60-Stunden-Woche als Regel bei den ausländischen Arbeitnehmern, die nicht unter das deutsche Arbeitsrecht fallen, und die 70-Stunden-Woche als nicht seltene Ausnahme. Das ist die Realität, die man im Windschatten dieser Globalisierung und der Veränderungen, mit denen wir hier konfrontiert sind, zur Kenntnis nehmen muß. Wo viel Licht ist, ist auch viel Schatten.

Renate Jaeger

Jetzt haben sich alle um eine Eingrenzung bemüht, aber ich schlage vor, daß die Referenten noch einmal das Wort haben. Ich will wenigstens in Frageform andeuten, daß es vielleicht doch auch einen ausweitenden Blick geben kann. Ich habe die beiden Referenten so verstanden, als sei die Individualisierung unter anderem ein Problem, das entsteht auch durch die Globalisierung, also durch die Internationalisierung der Unternehmen, der Märkte, des Kapitals. Wenn das so ist und wir auch darin einig sind, daß das Recht jedenfalls nichts ist, das der Markt produziert – auch international nicht –, dann muß man sich aber fragen, ob es wirklich stimmt, wenn wir sagen, bleibe zu Hause und nähre dich redlich. Ist es denn wirklich damit getan, daß wir uns das deutsche Recht ansehen und im deutschen Recht Verbesserungen suchen, ohne uns zu fragen, ob ein Markt, und damit auch der Arbeitnehmer im Markt, eigentlich nur durch eine Rechtsordnung geschützt werden kann, bei der Grenzen der Rechtsordnung und die Grenzen des Marktes nicht zu weit auseinanderliegen.

Abbo Junker

Ich werde gleich auf das eingehen, was Herr Preis wirklich gesagt hat und was er gesagt haben könnte. Aber zuvor noch einige generelle Aspekte. Ich denke, es ist aus dieser kurzen Diskussionsrunde schon klar geworden, daß wir in einem Punkt alle einig sind: Man kann die Dinge nicht schwarzweiß betrachten in Form von Extremen, in Form eines Gegensatzes von individuellen und kollektiven Regelungen, in Form eines Gegensatzes »Marktmodell-verfaßtes Arbeitsrechtsmodell«. Das Marktmodell der Chicago-Boys will hier niemand von uns, und niemand würde sich auch verständigen auf Theorien, die von der Deregulierungs- oder von der Monopolkommission bis in die Extreme ausgearbeitet worden sind. Herr Weiss hat sehr richtig gesagt, daß es wohl letztlich darauf hinauslaufen wird, kollektive Strukturen umzubauen und die Frage lauten wird, in welche Richtung und mit welcher Intensität. Hier würde ich zum Ausgangspunkt meiner Überlegungen die Ausführungen von Herrn Simitis nehmen. Kollektives Arbeitsrecht verbessert die Selbstbestimmung. Das ist im Ansatzpunkt gar keine Frage, das ist auch der Ausgangspunkt der kollektiven Regelung. Ich meine nur, daß wir in Deutschland einem Hang zum Perfektionismus und einer Tendenz zur Versteinerung unterliegen. Und daß gegengesteuert werden muß. Ich hatte in meinem Manuskript die unseligen Besetzungsregeln in der Druckindustrie angesprochen, die beispielsweise lauten: An jeder Buchdruckrotationsmaschine sind in der Regel zu beschäftigen: An ein bis zwei Druckeinheiten zwei Hilfskräfte, an drei Druckeinheiten drei Hilfskräfte, sofern die Produktabnahme entfällt zwei Hilfskräfte und so weiter. Das ist ein Werk von geradezu biblischen Umfangsausmaßen. Und es ist auch, glaube ich, von seiten der Arbeitnehmervertreter völlig klar, daß so etwas in der heutigen Zeit nicht mehr zeitgemäß ist. Aber es gelingt offenbar nicht, solche Dinge aus dem Tarifvertrag herauszubekommen. Ich habe weiter zitiert eine Aussage der IG Metall, wobei mir klar ist, daß das Mitgliedermagazin der IG Metall »direkt« sich nicht an denselben Leserkreis richtet wie das Archiv für die civilistische Praxis und daß sicherlich eine gewisse

Zuspitzung sein muß. Trotzdem hat mich diese Aussage in dieser Absolutheit erschreckt. Sie lautet: Kürzere Arbeitszeiten sind günstiger als längere. Für den einzelnen, weil sie ihm mehr Freizeit und damit mehr Freiheit bringen, seine Zeit selbst zu gestalten, und für alle Beschäftigten, weil sie mehr Arbeitsplätze und weniger Streß bedeuten. Und hier sollte man schon über den Diskussionsbeitrag von Herrn Zöllner nachdenken: Inwieweit können wir die individuellen Gestaltungsspielräume und die individuellen Gestaltungsmittel stärker aktivieren, ohne das unverzichtbare Schutzanliegen des Arbeitsrechts aufzugeben. Damit komme ich zu dem Punkt, den Ulrich Preis angesprochen hat: Wir reden über etwas, das niemand will. Das würde ich bestreiten. Herr Zöllner hat zu Recht gesagt, daß wir unterscheiden müssen zwischen dem individuellen Gestaltungsmittel und der individuellen Ausgestaltung jedes einzelnen Arbeitsverhältnisses. Was das Gestaltungsmittel angeht, sehe ich durchaus eine Renaissance des Individualarbeitsvertrages. Ich habe bereits ausgeführt, daß der Einzelarbeitsvertrag ein Katalysator sein kann in Richtung auf Arbeitsbedingungen, die dann von den Tarifvertragsparteien mit mehr Realismus gesetzt werden. Die Individualisierung des einzelnen Arbeitsverhältnisses würde ich auch nicht als non-issue ansehen, sondern durchaus als Realität. Frau Wendeling-Schröder hat die Frage der neuen Selbständigkeit angesprochen unter dem Aspekt, daß dies sozusagen die perfektionierte Form des individuell ausgestalteten Dienstverhältnisses ist. Das würde ich als Beispiel dafür ansehen. Ich würde weiter den Blick auf Fragen der Arbeitszeit- und Arbeitsplatzgestaltung richten wollen. Und hier kann ich selbst in meinem Umfeld sagen, daß die unterschiedlichsten Wünsche hinsichtlich etwa der Teilzeitarbeit heute in demselben Unternehmen oder in derselben Behörde Platz finden. Diese Dinge werden doch sehr differenziert gesehen. Beispielsweise die Frage, ob man die Teilzeit so ausgestaltet, daß in geraden Wochen der eine Arbeitnehmer da ist und in ungeraden der andere. Oder ob man es so ausgestaltet, wie es eben herkömmlich gesehen wird. Insgesamt meine ich, daß wir hier über die Frage diskutieren sollten: Wie ist das eigentlich mit individuellen Gestaltungsspielräumen, und wie hängen sie zusammen mit den Tendenzen der Individualisierung der Arbeitsbeziehungen. Schließlich zu dem, was Herr Preis nicht gesagt hat, aber gesagt haben könnte, daß ich von Individualisierung gesprochen habe, aber Deregulierung und Abbau von Schutzstandards gemeint habe. Das ist nur insofern richtig, als ich sowohl in kollektiven Strukturen als auch in gesetzlichen – und das heißt ja praktisch über weite Strecken richterlich verfaßten – Arbeitsbeziehungen eine Tendenz zur Versteinerung und ein Beharrungsvermögen sehe, das durch den vorsichtigen Einsatz individueller Gestaltungsmittel – Außenseiterkonkurrenz, kleinere Einheiten – aufgebrochen werden könnte. Wie gesagt, ich kehre zum Ausgangspunkt zurück. Niemand will das eine Modell durch das andere ersetzen. Ich glaube aber schon, daß wir darüber diskutieren müssen, was wir unter dem Umbau kollektiver Strukturen verstehen und inwieweit wir eigentlich gesetzliche Schutzanliegen auflockern können.

Ich würde einen größeren Optimismus an den Tag legen, und zwar durchaus auch aus eigener Anschauung. Frau Wendeling-Schröder hat in ihrer Kurzpräsentation gesagt, ein Problem der Verkleinerung und Marktorientierung sei, daß das Gefühl eines gemeinsamen Gegners verloren gehe. Diese Gegnerschaft würde ich heute in der Schärfe nicht mehr sehen. Ich denke, daß viele Schweinereien, die Arbeitgeber theoretisch machen könnten, nicht unternommen werden, weil man ganz deutlich sieht, daß man einen Arbeitnehmer, der schlecht motiviert ist, der zwangsweise in eine Arbeitszeit gepreßt wird, die er nicht will, daß man den auch nur ganz schlecht einsetzen kann. Herr Zöllner hat im einzelnen dargelegt, daß möglicherweise ohne die Segnungen des kollektiven Arbeitsrechts die Arbeitsbedingungen in der Vergangenheit nicht viel anders ausgesehen hätten. Meine Erfahrung ist, daß es nichts nützt, Gegnerschaft und Machtausübung im Arbeitsverhältnis stattfinden zu lassen, weil Sie bei den typischen neuen Beschäftigungsformen den kreativen, den motivierten Arbeitnehmer brauchen. Das gilt natürlich nicht für Alles und Jedes. Man kann nicht das eine Modell, das Herrn Kittner vorschwebt, rigoros durch ein anderes durchsetzen. Es gelten sicher für Reinigungskräfte oder für Fahrer von Lastwagen andere Kriterien als für die neuen Angestellten oder für Leute in hochqualifizierten Dienstleistungsberufen. Ich meine aber, daß der Griff des Kollektiven nur den Bereich umfassen sollte, wo der Schutz wirklich notwendig ist. Und da müssen wir wieder der Aufforderung von Herrn Weiss, von Herrn Zöllner und von Herrn Simitis folgen, darüber zu diskutieren, wo heute wirklich ein Schutzbedürfnis ist und wo man vielleicht doch zaghafte Tendenzen in Richtung auf eine »Amerikanisierung« der Arbeitsbeziehungen wagen könnte.

Ulrike Wendeling-Schröder

Zunächst eine ganz kurze Vorbemerkung. Ich glaube, die Orientierung auf die Motivation der Arbeitnehmer als Lösung für das Problem kann nicht funktionieren. Daraus kann weder folgen, daß Rechte obsolet werden, noch halte ich das für einen kontinuierlichen Trend. Denken Sie sich ein Unternehmen in der Krise: Das wird durchaus bereit sein, auf die Motivation der Arbeitnehmer zu verzichten, wenn es zum Beispiel durch den Abbau von Löhnen damit unmittelbare Kostenentlastung erzielen kann.

Ich habe mich aber die ganze Zeit mit der Aufgabe, die ich vor einer halben Stunde bekommen habe, abgearbeitet und überlegt, wie können wir denn nun diese Diskussion strukturieren. Und ich meine, es ist wirklich einigermaßen schwierig, sich einerseits auf die Höhen der Konkretion zu schwingen, andererseits aber auch die Grundlagen nicht völlig aus den Augen zu verlieren. Ich möchte einen Vorschlag machen, wie wir mit der Schwierigkeit umgehen können, daß wir alle etwas anderes unter Individualisierung verstehen: Ich schlage vor, daß wir das Wort einfach weglassen.

In einem ersten Punkt könnten wir anknüpfen an das, was Frau Jäger gesagt hat, die grundsätzliche Problematik des Auseinanderfallens der Grenzen, in denen wir überhaupt Recht setzen können, zu den Grenzen, innerhalb deren sich die marktförmigen Strukturen entwickeln. In diesem Zusammenhang geht es um folgende Fragen: Nützt uns eine Aufwertung arbeitsvertraglicher Strukturen als Antwort auf die Globalisierung? Wenn ich es richtig im Kopf habe, hat Herr Junker genau dieses gesagt: Die einzige Chance zum Überleben sei, daß wir den Individualarbeitsvertrag aufwerten. In diesem Zusammenhang ist dann zu diskutieren: Ist eine Anpassung nach unten auf der Ebene der Löhne zur Verbesserung der Konkurrenzfähigkeit intendiert? Ist intendiert, daß wir den Arbeitsplatzschutz abbauen, um damit Neueinstellungen an anderer Stelle zu erreichen? Ist eine Anpassung der Arbeitszeit an die internationale Konkurrenz das, was wir intendieren sollten, und ist dann der Arbeitsvertrag das Mittel?

Der zweite Punkt, den wir diskutieren könnten, wäre, daß wir noch einmal von der Differenzierung der Arbeitnehmerinteressen ausgehen. Was folgt daraus konkret? Wir haben das Problem, daß sich hier die konkreten Arbeitsbeziehungen im Grunde aus dem Recht herauslösen könnten, daß sich niemand mehr an rechtliche Strukturen halten möchte, weil er sie für überaltert, nicht passend oder sonst inadäquat hält. Das wäre natürlich der Todesstoß für jede Art von Arbeitsrecht. Also stellt sich die Frage: stehen wir tatsächlich unter Anpassungsdruck? Was folgt also aus der Differenzierung der Arbeitnehmerinteressen? Wie können wir die unterschiedlichen Interessen integrieren? Dies knüpft an das an, was Herr Kollege Simitis gesagt hat, d. h., daß wir nicht nur die Interessen der Arbeitnehmer gegenüber dem Arbeitgeber betrachten, sondern auch die Interessendivergenzen der Arbeitnehmer untereinander.

Dritter Punkt: Wo konkret müssen wir Kollektivstrukturen anpassen? Das ist dann schon mehr auf der handhabbareren Seite, oder, das sind wir mehr zu diskutieren gewohnt. Dazu gehören Probleme wie § 3 Betriebsverfassungsgesetz, aber auch die neuen Tendenzen des kollektiven Abbaus von Rechten, wie sie im Beschäftigungsförderungsgesetz, das die Insolvenzordnung insoweit vorzieht, enthalten sind. Auch dies, meine ich, muß man in diesem Kontext noch einmal reflektieren, um zu sehen, daß jedenfalls die gesetzgeberische Tendenz überhaupt nicht auf mehr individualarbeitsvertragliche Rechte hinausläuft, sondern daß gerade Kollektivstrukturen benutzt werden, um den erstgenannten Effekt zu erzielen, nämlich eine Anpassung nach unten. Auch dieses ist natürlich durchaus ambivalent, auch hier scheint nur Diskussionsbedarf zu bestehen.

Spiros Simitis

Ich habe deswegen so spontan reagiert, weil, so groß auch meine Sympathien für manche Bemerkungen von Frau Wendeling-Schröder sind, so zweifelhaft mir alle Versuche erscheinen, sich mit Reflexionen über alte Konstrukte und wohlbekannte Probleme zufriedenzugeben. Gewiß ist es beispielsweise richtig, daß Arbeitsverträge auch und gerade durch die allgemeinen Arbeitsbedingungen gestaltet und geprägt werden, sie also stets zu bedenken sind, wenn man sich mit kontraktuellen Beziehungen auseinandersetzt. Zur Debatte steht freilich entschieden mehr, konkret: ob und in welchem Umfang Vorstellungen und Konstrukte, die vor dem Hintergrund der Arbeitsbedingungen in der Industriegesellschaft entstanden sind, auf eine Dienstleistungsgesellschaft übertragen werden können. Wenn aber diese Frage beantwortet werden soll, dann gilt es, zunächst und vor allem darauf einzugehen, wie sich der Arbeitsprozeß in einer Dienstleistungsgesellschaft abspielt und wie sich deshalb die Arbeitsbedingungen konkret gestalten. Anders ausgedrückt: Ein generelles, auf die welchselnden Formen des Arbeitsprozesses unverändert projizierbares Schema kann es nicht geben. Genauso wie die Industrialisierung ihre Arbeitsformen und den auf sie abgestellten Arbeitsprozeß generiert hat, reklamiert die Dienstleistungsgesellschaft eigene Formen der Betätigung und ebenso eigene Strukturen des Beschäftigungsprozesses.

Sicher gibt es genug Juristen, die es aus durchaus verständlichen und nachvollziehbaren Gründen vorziehen, die alten Konstrukte unbefragt hinzunehmen und sich deshalb allenfalls bereiterklären, die wohlbekannten und immer schon benutzten Regeln gleichsam frisch zu übermalen. Nur: das alte Gerüst gaukelt Sicherheit vor, die allenfalls kurzfristig und auch nur partiell bestehen kann. Sie brauchen nur an die für jene so oft und so nachhaltig erwähnte »Informationsgesellschaft« typischen Arbeitsformen zu denken, um die Kluft zu realisieren, die sich zwischen den traditionellen Ansätzen und den sich strukturell mehr und mehr veränderten Beschäftigungsbedingungen auftut. Nur vor diesem Hintergrund läßt sich auch ernsthaft darüber diskutieren, was denn wirklich jene »neue Selbständigkeit« bedeutet und welche Konsequenzen sie hat. Nur dann erscheint es auch möglich, die Tragweite der um sich greifenden Bemühungen abzuschätzen, »Arbeitnehmer« »aus-« und in eine selbständige, eigens dafür gegründete Gesellschaft des bürgerlichen Rechts »einzugliedern«. Und nur unter diesen Bedingungen kann wirklich über die Konsequenzen eines globalisierten Arbeits- und Produktionsprozesses nachgedacht werden, wie er sich gerade in jenen Sektoren andeutet, die für eine Dienstleistungsgesellschaft typisch sind.

Ich weiß, man kann manche dieser Entwicklungen mit alten und gängigen Konstrukten, wie etwa der »Scheinselbständigkeit« oder den »arbeitnehmerähnlichen Personen« auffangen. Nur wird darüber zumeist vergessen, oder sollte ich sagen verdrängt, daß alle diese Konstrukte einzig und allein die Aufgabe hatten, bestimmte zwar lästige, weil systemwidrige Vorgänge zu domestizieren, die aber immer nur Ausnahmen waren und auch als solche betrachtet und behandelt wurden. Die Realität der Dienstleistungsgesellschaft ist freilich eine andere: Viele der Arbeitsformen und Arbeitsbedingungen, die bisher als Ausnahme erschienen, werden mehr und mehr zur Regel. Eben deshalb lassen sie sich nicht mit Kriterien beurteilen, die sie marginalisierten. Sie verlangen nach Maßstäben, die ihrer für die Dienstleistungsgesellschaft ebenso typischen wie dominierenden Positionen Rechnung tragen.

Ulrich Preis

Wir werden jetzt tatsächlich konkret werden mit dem Grundbegriff des Arbeitsrechts, dem Arbeitnehmerbegriff. Was mich am Referat von Herrn Junker wirklich überrascht hat, ist, daß alle möglichen Tabus angesprochen werden und vieles versucht wird, auf den Kopf zu stellen. Der Arbeitnehmerbegriff hingegen soll, wenn ich das richtig aufgenommen habe, in seiner bisherigen Struktur bewahrt werden. Es ist aber ganz eindeutig, daß sich an dieser Nahtstelle – Stichwort: »neue Selbständigkeit« – vieles oder gar alles entscheiden wird. Denn an dieser Form der Individualisierung der Arbeitsbeziehungen hängt unser ganzer Sozialstaat. Das Zusammenbrechen der Sozialversicherungsstrukturen wird nicht nur durch die Masse der geringfügig Beschäftigten gefördert, die in das Sozialsystem nichts einbringen, aber dem Steuerzahler dann irgendwann zur Last fallen, sondern auch durch den Einstieg in die »neue Selbständigkeit«, durch die überkommene Strukturen radikal umgestaltet werden. Wenn es dazu kommt, daß das Bundesarbeitsgericht unternehmerische Entscheidungen bei betriebsbedingten Kündigungen billigt, deren Kerninhalt nichts anderes ist, als das Vertragsverhältnis auszuwechseln (»Weight-Watcher-Entscheidung«), um aus dem Arbeitsvertrag auszusteigen und in freie Dienstverträge, welcher Art auch immer, einzusteigen, dann zeigt dies die Brisanz der Entwicklung. Diese und die demographische Entwicklung zeigt, wie schlimm es um unser Sozialversicherungssystem bestellt ist. In der Frage des Geltungsbereichs des Arbeits- und Sozialrechts liegt möglicherweise die Kernfrage, die gegenüber anderen Fragen marginal ist. Hier haben Herr Wank und viele andere, übrigens auch Gesetzgebungsinitiativen, den Versuch gestartet, funktional die tatsächliche unternehmerische Tätigkeit, die frei gewählt ist, von der abhängigen, nicht unternehmerischen abzugrenzen. Ich kann beim besten Willen nicht erkennen, daß der traditionelle Arbeitnehmerbegriff in irgendeiner Form die neuen Arbeitsbeziehungen überhaupt noch tauglich erfassen kann. Zu dieser Thematik sollte der Gedankenaustausch intensiviert werden. Dies ist auch provoziert durch die Schlußbemerkungen von Herrn Junker in seinem Referat.

Wolfgang Zöllner

Ich muß mit dem Letzten anfangen. Wenn man ein Lehrbuch des Arbeitsrechts schreibt, dann gehört der Arbeitnehmerbegriff wirklich zu dem, was einem am meisten Magendrücken verschafft. Es ist wirklich furchtbar schwierig und ich muß bekennen, ich habe noch keine gute Lösung dafür gefunden. Es gibt auch bisher in der Literatur keine und der eben gelobte Herr Wank hat sie auch nicht produziert. Nun, ich muß gestehen, ich sehe das Bedürfnis nach einer Diskussion dieser Frage am heutigen Tag als nicht so dringend an, und ich würde davon abraten, daß wir damit heute beginnen, denn dann kommt das andere zu weit aus dem Blick. Warum versuchen wir nicht einfach mal über das zu sprechen, was durch die Vorgabe des Themas unmittelbar impliziert ist und sehen dann von da, wo es in bezug auf den Arbeitnehmerbegriff ein wirkliches praktisches Klärungsbedürfnis gibt. Ich meine auch, daß wir über die quantitative Bedeutung dieser neuen Strukturen, von denen Herr Simitis natürlich mit Recht geredet hat, daß wir da noch nicht so ganz den Überblick haben. Wenn ich gleich bei dieser Frage ansetzen darf: Individualisierung in dem Sinne, Herr Junker hat es etwa beschrieben als die Hinwendung zu individuellen Gestaltungsmitteln, weg von der gesetzlichen und der tarifvertraglichen Gestaltung und weg von den Großstrukturen der Betriebsverfassung, also Zurückdrängung der gesetzlichen und der kollektiv-rechtlichen Gestaltung zu mehr individualrechtlicher Gestaltung, das ist eigentlich das Thema, über das, so habe ich gedacht, heute geredet werden würde. Warum ist es notwendig, darüber zu reden? Ich fange mit einer eigenen Erfahrung an, die ich sozusagen auf der »Arbeitgeberseite« gemacht habe, nämlich innerhalb der Universität als Chef verhältnismäßig großer Fakultätsbibliotheken. Was da an Individualisierungswünschen der Arbeitnehmer an mich herangekommen ist, die sagen, jetzt möchte ich meinen Urlaub nehmen, ich möchte Urlaub im voraus nehmen, ich möchte Urlaub vor Ablauf der Wartezeit nehmen, ich möchte eine Ausnahme von der Arbeitszeitregelung haben, und vieles andere, dazu müssen Sie, wenn Sie diesen Wünschen Rechnung tragen wollen, in einem Maß gegen das Gesetz und gegen die Tarifverträge verstoßen, daß es einem schon manchmal die Sache mulmig macht. Man muß sogar manchmal überlegen, ob man nicht schon in den Bereich der strafrechtlichen Untreue gerät, weil ja der Arbeitnehmer u. U. hinterher auch Ansprüche stellen kann. Das ist die eine Seite, die bei allem Flexibilisierungsgerede nicht übersehen werden darf. Ich habe das von Anfang an gesagt, daß mehr Flexibilität und heute also Individualisierungsmöglichkeit im Arbeitsverhältnis durchaus Gerechtigkeitsanforderungen entspricht. Ich möchte aber betonen, daß das quantitativ natürlich nur ein relativ kleines Problem ist, weil man in einem Betrieb solche Individualisierungen nur in ganz beschränktem Umfang und immer wieder eigentlich nur in Ausnahmesituationen überhaupt zulassen kann. Und zwar nicht nur von seiten des Arbeitgebers, sondern auch von seiten der Arbeitskollegen, weil der Zug der Gleichheit und damit gegen die Individualität der einzelnen Arbeitsverhältnisse durchaus dem Bedürfnis, dem Gleichbehandlungsbedürfnis der Arbeitnehmer entspricht. Dieses Bedürfnis nach Gleichbehandlung, das einer ganz ursprünglichen Gerechtigkeitsvorstellung entspricht, darf man natürlich nicht mehr außer acht lassen, als durch die Umstände gefordert wird. Es gibt Individualisierungen, die die Arbeitskollegen verstehen und wo sie o. k. sagen, wenn das gemacht wird, und andere, die sie nicht verstehen. Individualisierungs- ebenso wie Gleichbehandlungsbedürfnis sind aber nicht das Wichtigste.

Viel wichtiger ist der Bezug des Arbeitsrechts zur Wirtschaftsordnung. Herr Junker, ich habe mir das aufgeschrieben, eine Formulierung von Ihnen heute aus dem mündlichen Vortrag, die im schriftlichen Text, wenn ich mich recht besinne, nicht ganz so wiederzufinden ist. Sie haben gesagt, man könnte die Frage stellen, ob Arbeitsrecht die Gesellschaft umgestalten soll oder ob es auf eine bestimmte Wirtschaftsordnung bezogen sein soll. Ich bin der Meinung, wie ich das auch am Anfang des Lehrbuchs geschrieben habe, daß das Arbeitsrecht ausgestaltet, man fummelt damit an der bestehenden Wirtschaftsordnung herum. Man muß also sehen, wenn man da gravierende Dinge tut, daß nicht die gleiche Wirtschaftsordnung bleibt, wie man sie vorher hatte. Nun ist aber natürlich die Frage, ob im Hinblick auf ökonomische Bedürfnisse, die bestehen, nicht eine Umgestaltung des Arbeitsrechts notwendig ist im Sinne einer Individualisierung, die eine größere Anpassungsfähigkeit gewährleistet. Herr Blank hat mit Recht gesagt, daß an sich das arbeitsrechtliche System eine Menge von Flexibilitätspotential, so würde ich es mal aus meiner Sicht nennen, enthält. Nur werden diese Potentiale nicht oder nicht genügend genutzt. Das liegt zum Teil an Uneinsichtigkeit der Verbände. Wenn der eine Verband mal einsichtig ist, keineswegs ist da die Rollenverteilung immer einseitig –, dann ist es in derselben Situation vielleicht der andere nicht, und dann läuft eben die notwendige tarifvertragliche Gestaltung nicht so, wie es erforderlich wäre. Das betriebsverfassungsrechtliche System enthält auch viele Flexibilitätspotentiale, die aber von den Betriebspartnern nicht immer und überall so genutzt werden, wie das möglich wäre. Wolfgang Siebert hat einmal zu mir (unter dem alten Betriebsverfassungsgesetz) gesagt, wenn die Betriebsräte das, was im Betriebsverfassungsgesetz angelegt ist, bis zum letzten ausnützen würden, dann würde kein Betrieb vernünftig wirtschaftlich funktionieren können. Das Gesetz ist darauf angelegt, daß es mit Vernunft und Augenmaß wahrgenommen wird. Diese Vernunft und dieses Augenmaß wird von vielen Betriebsräten auch gebracht, aber von vielen leider auch nicht. Es gibt eben heute viele Erfahrungen, daß es sozusagen bis zum Letzten genutzt wird, um den Arbeitgeber unter Druck zu setzen oder um an irgendeiner andern Stelle irgend etwas herauszuholen. Das macht dann natürlich die Anpassung der Dinge an veränderte Bedürfnisse und Notwendigkeiten schwierig. Und da kommt dann der Ruf nach individuellen Umgestaltungsmitteln. Diese individuelle Umgestaltung aus wirtschaftlichem Bedürfnis, die halte ich für unverzichtbar. Wir haben uns bei den Arbeitsbedingungen zu weit weg bewegt – es gilt nicht für alle Unternehmen – von dem, was eben überall paßt. Wir sind in neuesten Entwicklungen auch im Begriffe, diese Unbeweglichkeit in Bereichen aufzurichten, in denen das nicht notwendig wäre. Ich will Ihnen ein Beispiel geben, etwa die Lohnregelungen für Arbeitszeitlagen, die durch die veränderten Ladenschlußzeiten ermöglicht werden. Ich halte es für wirtschaftlich unvernünftig, die Arbeit in späteren Tageszeiten teurer zu machen als die zu normalen, denn das ist nun ganz gewiß gegen die Möglichkeit der Schaffung neuer Arbeitsplätze. Dies nur als ein kleines Beispiel. Daß man aber natürlich unter solch einem individualisierten System aufpassen muß, daß man den Schutz der Arbeitnehmer nicht zu weit absenkt, das ist für mich eine absolute Notwendigkeit. Und Herr Blank, ich möchte natürlich Grundsicherung nicht im Sinne der Zahnärzte verstanden wissen. Da tun Sie mir ganz gewiß unrecht, ich will auch nicht etwa auf die Dreisäulentheorie von Herrn Murmann hinaus, das ganz gewiß nicht. Aber so eine Grundidee, daß man einen Bestand hat, auf den man sich verlassen kann, und daneben eine Manövriermasse, die umgestaltet werden kann je nach den ökonomischen Möglichkeiten, das scheint mir doch ein ökonomisch ganz vernünftiges und wichtiges Ziel.

Es ist natürlich so, daß gewisse Dinge von der Grundidee und Grundstruktur des Arbeitsrechts her durchaus möglich sind. Aber wir haben im tarifrechtlichen Bereich zwingende Regelungen, die heute ökonomisch nicht mehr darstellbar sind. Der Abbau des übertariflichen Bereichs bringt nicht genug. Für diese Fälle muß sich die Tarifpolitik neue Modelle einfallen lassen. Man denkt darüber ja auch nach und hat bereits etliche Modelle entwickelt, aber es wäre viel drin im Arbeitsrecht. Auch die Individualisierung wäre sehr viel leichter möglich, wenn die Tarifpolitik anders laufen würde. Da bräuchte der Gesetzesgeber keinen Fingerstrich zu machen.

Aber es kommt etwas weiteres hinzu: auch das Richterrecht muß sich ändern. Das Richterrecht muß etwa in puncto Kündigungsschutz das eine oder andere ein bißchen zurücknehmen. Ich fände es ganz unglücklich, wenn der Gesetzgeber da zu viel probiert. Es würde auch nicht laufen, solange die Richter in ihren Gerechtigkeitsüberzeugungen so tief drinnen sind, daß die sich das nicht gefallen lassen. Und über mehr als Generalklauseln in irgendeiner Art wird man ja nicht hinauskommen. Sondern die Richter müssen begreifen, daß man mehr Flexibilität braucht, ohne daß der Arbeitnehmer allzu ungeschützt dasteht. Die Richter müßten ferner etliches aus dem Bereich des Betriebsverfassungsgesetzes zurücknehmen. Wenn sie also etwa daran denken, wie der Betriebsrat bei einer Absenkung der übertariflichen Arbeitsbedingungen dann an der Neuverteilung zu beteiligen ist, das führt natürlich zu einer ungeheuren Erstarrung, wenn der Betriebsrat hier seinerseits nicht bereit ist, auf das, was ökonomisch sinnvoll und notwendig ist, einzugehen.

Manfred Weiss

Ich möchte gerne für etwas mehr Bescheidenheit in der Diskussion plädieren. Herr Simitis hat zutreffend darauf hingewiesen, daß es darum geht, inwieweit Freiräume für einzelne Arbeitnehmer gesichert und verbessert werden können, ohne das Schutzpotential zu gefährden, das für abhängige Beschäftigte nun einmal notwendig ist. Wenn ich versuche, mich hier in der Diskussion zu orientieren, werde ich das Gefühl nicht los, daß wir viel zu schnell therapeutischen Ehrgeiz entwickeln, bevor wir uns sorgfältig mit der Diagnose befaßt haben. Wenn Sie, Herr Simitis, die These verfechten, das gegenwärtige Arbeitsrecht passe nicht mehr für die Informationsgesellschaft, ist mir das – mit Verlaub – viel zu allgemein. Ich würde gerne etwas genauer wissen, ob kollektive Strukturen wirklich so starr sind, wie allenthalben behauptet wird, oder ob es sich dabei nicht um ausgesprochen anpassungsfähige Instrumentarien handelt, die sich dazu eignen, den sich wandelnden gesellschaftlichen Herausforderungen adäquat zu begegnen. So müßte etwa analysiert werden, in welcher Weise das kollektive Arbeitsrecht sich bereits den Bedingungen der Dienstleistungsgesellschaft, die ja nicht erst seit heute besteht, angepaßt hat. Auch frage ich mich, ob die flexiblen Arbeitszeitregelungen in Tarifverträgen (Korridorlösungen etc.) wirklich an den Souveränitätsbedürfnissen der Arbeitnehmer vorbeigehen. All das wäre erst einmal zu klären. Erst wenn sich bei solcher Analyse ein Negativbefund ergeben sollte, ließe sich eventuell die These rechtfertigen, daß das verfügbare Instrumentarium veraltet und den Herausforderungen unserer Zeit nicht mehr gewachsen ist. Auch das allenthalben in der Diskussion durchschimmernde – heutzutage modische – Vorurteil gegen Rechtsprechung scheint mir überprüfungsbedürftig. Es ließen sich viele Belege für die Dynamik und Flexibilität gerade der Rechtsprechung anführen. Wenn demgegenüber Herr Preis und Herr Junker die gesetzliche Festschreibung der richterlichen Kasuistik im Kündigungsrecht empfehlen, so kann ich darin keinen Fortschritt erkennen. Es handelt sich nun einmal nicht um statische, sondern um höchst dynamische Gebilde. Und die kommen ohne flexible Begrifflichkeit und damit ohne weiten richterlichen Interpretationsspielraum nicht aus. Das Ausspielen des Gesetzes gegen das Richterrecht führt nicht weiter. Und schließlich sollten wir bei unserer Analyse nicht zu sehr auf die normative Ebene fixiert bleiben. Wenn Herr Zöllner darauf verweist, daß es zu ungeheueren Friktionen kommen könnte, würde man das Betriebsverfassungsgesetz ausreizen, ist das sicher nicht ganz falsch. Aber zum Glück sind die Menschen vernünftiger. Wir sollten ein Gesetz nicht isoliert als law in the books begreifen, sondern es in seinem Praxisbezug als law in action bewerten. Und dann wird sehr schnell deutlich, daß diese Mechanismen ganz brauchbar funktionieren. In diesem Zusammenhang ist auch die zeitliche Dimension interessant. Zu untersuchen wäre etwa, ob es Lernprozesse im tariflichen oder betriebsverfassungsrechtlichen Bereich gibt. Nach meiner Vermutung würde sich dabei viel Positives ergeben. Kurzum: das alles müßte erst einmal auf den Tisch, bevor man bereit ist, das überkommene Arbeitsrecht zu opfern und nach grundlegenden Neuerungen zu rufen.

Thomas Dieterich

Es ist schwer, in aller Kürze auf die Forderung zu replizieren, die Rechtsprechung müßte einfach etwas beweglicher werden und auf die neuen Herausforderungen flexibler reagieren. Ich glaube, Herr Weiss hat Recht wenn er sagt, die Rechtsprechung ist ohnehin extrem flexibel. Das wird ihr ja vorgeworfen, weil es Rechtsunsicherheit bedeutet. Aber Rechtsprechung ist nie rechtspolitisch konzeptionell. Das paßt nicht zu der Aufgabe der Gerichte im Rechtsstaat. Rechtsprechung neigt allerdings zu bestimmten Lösungsmustern, wenn die Lage unübersichtlich wird. Das eine Lösungsmodell läuft darauf hinaus, das Ganze in Abwägungsmodelle zu zerlegen, so daß man nur noch graduell austarieren muß. Das ist extrem flexibel. Und das andere Modell setzt auf Verfahrensregeln, was Sie hier gerade kritisieren, Herr Zöllner. Die Rechtsprechung neigt dazu, Schutz durch Verfahren zu gewährleisten. Das macht ja sogar das Bundesverfassungsgericht: »Grundrechtsschutz durch Verfahren«. Wenn man schon Ergebnisse nicht kontrollieren kann, sondern unkontrollierbaren Entscheidungsprozessen überlassen muß, dann will man wenigstens das Verfahren, das zu diesem Ergebnis führt, kontrollieren können. Und dann kommen solche Ziselierungen zustande wie zum Anhörungsrecht des Betriebsrats bei Kündigung. Wenn schon die Kündigungsentscheidung weitgehend unüberprüfbar ist, will man wenigstens sichern, daß das Verfahren wirklich fair und korrekt abläuft. Und das wirkt dann manchmal förmlich, fast bürokratisch, ist aber nichts anderes als die Ausformung eines transparenten Verfahrens. So erklärt sich meine Entscheidung zum Betriebsverfassungsgesetz.

In diesem Zusammenhang sollen noch einige Punkte von Herrn Junker angesprochen werden: Verstreut in seinem Referat schließt er in merkwürdig uneinheitlicher Weise vom Ergebnis kollektiver Lösungen her auf vermeintliche Fehlfunktionen. Sehr, sehr voreilig, wie ich meine. Zum Beispiel sagt er, die Tarifergebnisse, die ihm nicht schmecken, seien ein Beispiel dafür, daß das Arbeitskampfrecht falsch sei; da werde ja offenbar der Arbeitgeber »einfach vom Platz gestellt«, also strukturelle Ungleichgewichtslage. Aber wenn Betriebsräte untertarifliche Regelungen vereinbaren, meint er, das habe nichts mit Erpressung zu tun; hier wird also plötzlich die Verbindung von Ergebnis und Ursache geleugnet. Andererseits: wenn der Betriebsrat einer Maßnahme des Arbeitgebers widerspricht, dann läßt das nach Junker (so wörtlich) auf ein Versagen der kollektiven Institutionen schließen. Der Widerspruch des Betriebsrats gilt also bereits als Störfaktor. Eine solche Sicht kollektiver Ausgleichsverfahren wird die Rechtsprechung garantiert nicht übernehmen, wir werden die Verfahren, die das deutsche Modell kennzeichnen, konsequent durchhalten. Das müßte der Gesetzgeber ändern, wenn er es flexibler, schlanker haben und die Kollektive zurückdrängen will. Ich nehme allerdings an, daß er damit auf große Widerstände stoßen würde. Die Überzeugung vom Wert und von der Bedeutung des kollektiven Interessenausgleichs ist m. E. in Deutschland sehr viel tiefer verankert, als in diesem Raum anklingt. Frau Wendeling-Schröder, Sie wunderten sich über die plötzlichen Mobilisierungsschübe, die allein die Verhinderung der Lohnfortzahlung im Krankheitsfall auslösten. Mich verwundert das nicht. Mich verwundert eher, wie wenig solche Entladungen bisher eskaliert sind.

Peter Hanau

Herr Dieterich sagte etwas von einem Pulverfaß der Situation. Aber die Zukunft ist näher, als hier der Eindruck erweckt wird. Das Beschäftigungsförderungsgesetz, das Herr Zöllner erwähnt hat, hat ja für Millionen von Arbeitnehmern den Kündigungsschutz auf eine dreijährige Auslauffrist gesetzt. Das sind Millionen in diesen neu abgegrenzten Kleinbetrieben, so daß, wenn das nicht geändert wird, wir in Deutschland einen millionenfachen Bereich haben, in dem wir mehr Freiheit haben als im amerikanischen Arbeitsrecht. Ich hoffe, unser amerikanischer Gast wird noch etwas sagen. Wir sprechen nicht über ferne Zukunft, sondern wir werden in Deutschland, wenn das so weitergeht, nebeneinander zwei radikal verschiedene Modelle haben.

Ich wollte versuchen, die vielen Anregungen in den Referaten und in der Diskussion in ein kleines System zu bringen, das hoffentlich übersichtlich bleibt. Ich kann das Ganze juristisch einspeisen unter dem Stichwort »Vertragsfreiheit« und meine, es geht um folgende Beziehungen: Ich habe mir ein Dreieck aufgemalt, Gesetz, Tarifvertrag, Arbeitsvertrag. Einmal gibt es eine Beziehung, die hier noch gar nicht vorkam, daß nämlich das Gesetz die Freiheit des Tarifvertrages einschränkt. Der Tarifvertrag kommt hier immer nur als Freiheitsunterdrückungsmittel vor, er ist aber auch ein kollektives Freiheitsmittel. Dann gibt es das Verhältnis Gesetz/Arbeitsvertrag und das Verhältnis Tarifvertrag/Arbeitsvertrag. Dazu möchte ich etwas sagen, Ausgangspunkt das Verfassungsgericht. Das Verfassungsgericht hat sich in seinen großen Entscheidungen zur Vertragsfreiheit mit dem Untermaß beschäftigt. Und das ist auch richtig. Wir stehen also vor der Frage, gibt es in allen diesen Beziehungen beim Arbeitnehmer insofern ein Untermaß. Aber es gibt auch die andere Frage, das ist die von Herrn Junker, gibt es nicht auch ein Übermaß? Wir müssen also an alle diese Beziehungen herangehen mit der Frage, gibt es ein Untermaß an Regulierung und gibt es ein Übermaß an Regulierung bis hin zum Arbeitnehmerbegriff?

Gibt es ein Übermaß an Eingriffen des Gesetzgebers in die Tarifautonomie? Das würde ich bejahen. Wenn ich vom Verfassungsgericht ausgehe, das sagt, Vertragskontrolle da, wo strukturelle Ungleichheiten sind. Da die Tarifparteien ja strukturell gleich sind, gibt es bis auf Gesundheitsschutz und Grundrechtsschutz keinerlei Berechtigung gegenüber zu den Tarifverträgen zwingendem Arbeitsrecht. Ganz praktisch: Das Kündigungsschutzgesetz ist nicht tarifdispositiv. Das führt dazu, daß die Tarifparteien im Rundfunkbereich, die gerne die Befristung von Programm-Mitarbeit regeln wollen, ich war selber beteiligt, nicht wissen, ob und inwieweit sie das können. Also da sind Kerngebiete dem Tarifvertrag entzogen. Die Absenkung der Entgeltfortzahlung im Krankheitsfall von 100 auf 80 Prozent ist aus der Sicht der Tarifautonomie positiv. Denn dieser ganze Bereich war vom zwingenden Arbeitsrecht völlig abgedeckt. Nun blüht die Tarifautonomie auf. Also erste These, und ich würde das auch ins Arbeitsvertragsrechtgesetz schreiben, bin aber in den Kommissionen immer unterlegen: Das Arbeitsvertragsrecht sollte außer im Grundrechtsbereich tarifdispositiv sein.

Zweite These: im Verhältnis Gesetz/Arbeitsvertrag, gibt es da Übermaße der Regulierung? Da gibt es zunächst einmal ein Übermaß, weil dieses ganze zwingende Recht gilt ohne Rücksicht auf Gehaltshöhe. Wenn ein Fußballer 20 000 DM im Monat verdient, dann ist es zwingendes Recht, daß er im Krankheitsfall 80% seiner Bezüge bekommt, einschließlich der Prämie, auch im Urlaub muß er so bezahlt werden, als wenn er gespielt hätte. Das sind ja Beziehungen, wo wirklich die Vertragsfreiheit funktioniert. Die ganze Masse unseres zwingenden Arbeitsrechts gilt da trotzdem, Urlaubsrecht, Lohnfortzahlung, alles. Ich halte das für eine Verletzung des Artikel 2 GG, für ein echtes Übermaß. Wenn solche Bestimmungen, sagen wir mal hier Kompliment für Frau Jäger, über die Beitragsbemessungsgrenze hinausgehen. Bei über 6000 DM im Monat brauchen wir kein zwingendes Arbeitsrecht zu garantieren. Ich werde das auch in die öffentliche Diskussion einbringen, daß das verfassungswidrig ist, das greift in Artikel 2 ein, ohne jede soziale Notwendigkeit.

Ein Zweites, etwas komplizierter im Arbeitsverhältnis. Wir sehen, wie die Arbeitsgerichtsbarkeit darum ringt, was ist fester Kern und wo lassen wir Flexibilität. Das ist unklar. Zum Beispiel wird gesagt, die Befristung von Einzelabreden bedarf eines sachlichen Grundes. Das ist ein weitgehender Eingriff. Das LAG Düsseldorf sagt, selbst ein Tarifvertrag, geschweige denn ein Arbeitsvertrag, kann nicht vorsehen, daß ein Arbeitnehmer um eine Vergütungsgruppe runterversetzt wird. Also ich glaube, daß die Regelungsspielräume zu gering sind in puncto Flexibilisierung.

Als Letztes: Tarifvertrag / Arbeitsvertrag. Das ist das heiße Thema, und da hat es ja einen echten Zuwachs an Individualität gegeben durch das Wahlrecht. Das ist ein guter Gedanke, der sich weitgehend durchgesetzt hat, auch beim Bundesarbeitsgericht in der Lebensaltersentscheidung und anderen. Also, wenn der Arbeitnehmer ein Wahlrecht hat, das ist immer das Günstige. Mann hat es immer nur bei der Arbeitszeit diskutiert, aber man kann es auch beim Entgelt bringen. Man müßte den Arbeitnehmern ein Wahlrecht geben, ob sie den Tariflohn in bar kassieren oder ob sie sagen, das wird in arbeitnehmerfinanzierter betrieblicher Altersversorgung angelegt. Dies schiene mir ein sinnvolles Wahlrecht zu sein. Nun gibt es zwei Probleme, die ich abschließend erwähnen will. Das eine ist, die Domäne des Wahlrechts ist die Arbeitszeit. Man sagt, es ist günstiger, freiwillig länger zu arbeiten, um mehr zu verdienen. Da wird verkannt, daß der Sinn der Arbeitszeitverkürzung, so wie er jedenfalls gedacht war, die Förderung von Beschäftigung war. Sie sollte den Arbeitslosen dienen. Und die darf man hier nicht vergessen. Entweder sagt man, das ist kein legitimes Ziel der Tarifautonomie, das wird ja vertreten. Oder man sagt, die Bekämpfung von Arbeitslosigkeit ist ein Ziel der Tarifautonomie.

Und schließlich Viessmann: Das läuft ja auch unter der Flagge Wahlrecht. Da habe ich aber drei Bedenken. Das wichtigste Bedenken ist, Viessmann ist ja im Arbeitgeberverband geblieben. Ich weiß gar nicht, warum auch juristisch so viel Aufwand getrieben wird, daß man im Arbeitgeberverband bleiben kann und sich doch nicht an die Tarifverträge halten muß. Das gibt doch gar keinen Sinn. Der hätte doch ohne weiteres austreten können, dann wäre alles möglich gewesen. Die riesige Debatte (Viessmann) geht fehl. Man kann ja austreten. Und wenn hier von Außenseiterkonkurrenz gesprochen wird – die Außenseiterkonkurrenz auf Arbeitnehmerseite ist ein Phantom.

Das nächste ist, wenn man hier mit dem Günstigkeitsprinzip rangeht, dann sieht man sofort, daß es gar keinen Maßstab gibt. Wieviel Prozent Lohnverzicht sind günstiger, wenn ich Arbeitsplatzerhaltung einbringe? Das läßt sich überhaupt nicht vergleichen. Unsere Rechtsordung hat den Weg, die Leute können austreten. Im Nachwirkungszeitraum ist alles mögliche zu kontrahieren.

Schließlich zuletzt der Arbeitnehmerbegriff: Ich meine, da haben wir auch Untermaß und Übermaß. Untermaß ist tatsächlich, daß man abstellt nur auf die Weisungsgebundenheit und nicht auf die soziale Lage. Und es ist ja typisch, daß die Verfassungsrechtsprechung zur Privatautonomie mit dem Handelsvertreter begonnen hat. Das war ein Untermaß des Arbeitnehmerbegriffs, weil die eben nicht Arbeitnehmer sind, weil sie formal frei sind. Es gibt aber ein Übermaß im Arbeitnehmerbegriff, nämlich der Regisseur, der Filmschauspieler, der Chefarzt, also alle, die am Markt operieren usw., die nicht schutzbedürftig sind und trotzdem einbezogen sind. De lege lata wird man das nicht ändern können, muß es aber de lege ferenda bedenken.

Michael Blank

Herr Hanau hat dankenswerterweise auf die Abschaffung des Kündigungsschutzes für ca. 8 Millionen Arbeitnehmer hingewiesen. Das ist eine dramatische Veränderung des Arbeitsrechts. Und vor diesem Hintergrund und einem weiteren Hintergrund, der ja auch schon in mehreren Beiträgen angesprochen wurde, denke ich, die Frage ist weniger, wie wir ein Übermaß an Arbeitsrecht, insbesondere der kollektiven Regelungen reduzieren, sondern wie das Arbeitsrecht, in erster Linie die Rechtsprechung, dort reagiert, wo wir heute weniger Arbeitsrecht haben. Das sind wachsende Bereiche. Herr Simitis hat darauf, meines Erachtens zu Recht, hingewiesen. Ich teile zwar die Auffassung von Herrn Weiss, daß die Fassade noch nicht so bröckelig ist, wie Sie das dargestellt haben, und bin so optimistisch zu glauben, daß wir auch in 25 Jahren in Deutschland noch Autos bauen werden, allerdings mit sehr viel weniger Arbeitnehmern als heute. Das ist das Problem und damit verändern sich natürlich auch die Gewichte. Der Bereich der kollektiven Regelung schrumpft. Übrigens, Herr Zöllner, die Verbände lernen, aber sie lernen langsam. Wenn man den neuen Tarifabschluß nimmt, haben Sie da wieder ein Element der Verlagerung von Entscheidungen hin zu den Betrieben. Für die Betriebsverfassung bin ich überhaupt sehr viel optimistischer als für die Verbandsstrukturen, weil es dort sehr bedrohliche Erosionserscheinungen gibt. Wenn der Fall eintreten sollte, daß die Arbeitgeberverbände sich auflösen und die Gewerkschaften weiter schrumpfen, dann wäre das in der Tat die dramatischste Veränderung, die es im Arbeitsrecht überhaupt geben kann. Aber noch einmal zurück zu meiner Ausgangsfrage: Ich sehe den großen Bedarf für Veränderungen nicht so sehr in den tradierten Bereichen, da haben wir Verhandlungssysteme, die sich selbstregelnd veränderten Bedürfnissen anpassen. Das ist ein Prozeß, der Zeit braucht, aber es gibt hinreichend Indizien, die darauf schließen lassen, daß er stattfindet. Die Veränderungen in den Betrieben gehen weiter als im Bereich der Tarifverträge. Aber was passiert mit den neuen Selbständigen, mit den von Herrn Simitis zitierten, aus England kommenden Bauarbeitern, die hier als Selbständige auftreten? Und was passiert in den Bereichen, die nur noch das individuelle Arbeitsrecht kennen, weil es keine Betriebsräte mehr gibt und keine Tarifverträge? Ich kann es empirisch nicht hundertprozentig belegen, aber ich bin mir sicher, daß wir viele kleine und mittlerere Software-Unternehmen haben, die weder einen Betriebsrat noch einen Tarifvertrag haben. Nun kann man sagen, der gemeine Yuppie kommt doch auch so gut zurecht. Das ist bei guter Beschäftigungslage sicherlich richtig. Aber wenn der Yuppie in die Jahre kommt, heiratet, Kinder hat, älter wird und sein soziales Schutzbedürfnis wächst, kann sich das auch für ihn ganz anders darstellen.

Heide Pfarr

Zunächst eine Bemerkung zu Herrn Hanau: Ihre Einteilung danach, wo Sie Untermaßverletzungen und wo Sie Verletzungen des Übermaßes sehen, finde ich sehr hilfreich. Jedoch habe ich einen Nachtrag zu dem Beispiel, das Sie für den Zusammenhang von Gesetz und Tarifautonomie gebracht haben. Damit möchte ich zeigen, daß es zu dem Verhältnis von Gesetz und Tarifautonomie noch einen Gesichtspunkt gibt, den Sie erwähnt haben. Betrachtet man die Geschichte des Lohnfortzahlungsgesetzes, das Sie ja als Beispiel erwähnt haben, ist doch folgendes zu erkennen: Die gesetzliche Festschreibung der Lohnfortzahlung im Krankheitsfall auch für Arbeiter war zu einem bestimmten Zeitpunkt nicht mehr allein Forderung der Gewerkschaften, sondern gleichermaßen die der Arbeitgeber. Allerdings erst dann, als für einen erheblichen Teil der Arbeiter – erheblich schon deshalb, weil mit Signalwirkung – diese Lohnfortzahlung in einem harten Streik tarifvertraglich durchgesetzt worden war. Bis zu dem Zeitpunkt allerdings, das kann man in den Protokollen des Bundestages nachlesen, waren mehrere Anläufe im Bundestag zur Kodifizierung der Lohnfortzahlung für Arbeiter immer wieder auch am Widerstand der Arbeitgeber gescheitert. Erst als der Tarifvertrag in Schleswig-Holstein erstreikt war, brach der Widerstand der Arbeitgeber nicht nur zusammen, sondern sie wollten dann selbst ein Gesetz – zweifellos zum Zwecke gleicher Wettbewerbsverhältnisse. Das heißt, bei der Betrachtung des Verhältnisses von Gesetz und Tarifautonomie müssen wir auch immer im Auge haben, daß es ein Bestreben beider Tarifparteien gab, tariffreie Räume durch das Gesetz wieder anzugleichen. Und ich meine, daß es dieses Bestreben weiter geben wird – mit erheblichen Auswirkungen auf ein Bemühen, Trennschärfe zu formulieren für die Zuständigkeit, die das Gesetz auf der einen und die Tarifautonomie auf der anderen Seite haben und haben wollen.

Der zweite Punkt, den ich ansprechen möchte, ist die Überlegung, wie und in welcher Form gesellschaftlich verantwortete Arbeits- und Wirtschaftsbedingungen vereinbart werden können. Taugt dazu der Tarifvertrag, sind Betriebsvereinbarungen besser geeignet oder überlassen wir die Gestaltung am besten den Arbeitsvertragsparteien auf einem freien Markt? Lassen Sie mich in diese Diskussion ein Untersuchungsergebnis einbringen, das uns vielleicht einige bemerkenswerte Hinweise gibt. Es gibt eine Untersuchung darüber, wie sich Lohngestaltungen abspielen in einem deregulierten Arbeitsmarkt, also auf einem Arbeitsmarkt, auf dem alle Formen von Vereinbarungen vorkommen. Die Untersuchung bezieht sich auf Großbritannien. Maßstab der Untersuchung war ein ökonomischer, nicht etwa ein sozialer; entscheidend war die Sicht der Unternehmen. Die Ergebnisse sind bemerkenswert: ökonomisch vernünftige Ergebnisse aus der Sicht der Unternehmer waren dann herstellbar, wenn die Verhandlungspartner total atomisiert waren, also wenn es keinen wie auch immer gearteten Zusammenschluß und keine kollektive Interessenvertretung auf seiten der Beschäftigten gab. Ökonomisch vernünftige Ergebnisse wurden aber auch dann erzielt, wenn die Beschäftigten von einer zentral operierenden Organisation vertreten wurden. Gab es als Verhandlungspartner allerdings eine betriebliche Interessenvertretung, so wurden die Ergebnisse als suboptimal, als im Vergleich am schlechtesten gewertet. Mein Beispiel bezieht sich nur auf den Entgeltbereich, und es ist zu überlegen, ob es auf andere Regelungsbereiche übertragbar ist – ich meine, ja.

An diesen Ergebnissen wird zunächst niemanden überraschen, daß die Unternehmen gegenüber atomisierten Vertragspartnerinnen und -partnern ihre Vorstellungen durchsetzen können. Spannend ist das Ergebnis bei einer zentralen Organisation der Beschäftigten, also in unseren Rechtsformen: wird mit einer Gewerkschaft ein Tarifvertrag abgeschlossen, der über die Bedingungen eines Betriebes bzw. Unternehmens hinausgeht. Hier trifft das Unternehmen auf eine Organisation, die bewußt auch eine gesellschaftliche Verantwortung wahrnimmt und gegenüber betrieblichen Interessen – in bestimmtem Rahmen – auch mal durchsetzt. Genau das aber geschieht nicht, wenn nur auf betrieblicher Ebene verhandelt wird. Nach der Untersuchung wird da offensichtlich auf beiden Seiten die jeweilige gegebene Stärke voll durchgesetzt und alles herausgeholt, was in eben diesem Betrieb und nur für die dort bereits Beschäftigten herauszuholen ist.

So möchte ich an das, was Sie, Herr Zöllner, gesagt haben, anknüpfen: Brauchen wir nicht dringend eine Beschäftigungspolitik, und brauchen wir dazu nicht auch und gerade die Tarifvertragsparteien? Gerade sie: Denn soweit Vereinbarungen über die Arbeitsbedingungen nur auf der betrieblichen Ebene abgeschlossen werden, wird eine gesamtgesellschaftliche Verantwortung nicht angenommen und es kommt aus Unternehmenssicht zu suboptimalen Ergebnissen, und mehr noch aus gesamtgesellschaftlicher Sicht. Ich nehme jetzt als Beispiel die Arbeitszeitverkürzung ungeachtet der Tatsache, daß Sie an den beschäftigungspolitischen Effekt von Arbeitszeitverkürzungen nicht glauben, von dem ich hingegen fest überzeugt bin. Wenn die Berechnungen des Instituts für Arbeitsmarkt- und Berufsforschung der Bundesanstalt für Arbeit zutreffen, wonach eine Reallohnsteigerung unterhalb der Produktivitätssteigerung von 1 v.H. und weitere Arbeitszeitverkürzungen zu 1,5 Millionen Arbeitsplätzen führen, wäre das auf der betrieblichen Ebene durchzusetzen? Ist ein beschäftigungspolitisch wirksamer Abschluß auf einer betrieblichen Ebene denkbar, der von den dort Beschäftigten Verzicht auf Einkommen verlangt? Brauchen wir da nicht dringend eine zentrale Instanz, die sich auch für noch nicht Beschäftigte interessiert und die Produktivitätsverteilungsmasse nicht ausschöpft, die betrieblich ausschöpfbar wäre, eine Instanz, die reale Arbeitszeitverkürzungen – auch durch Überstundenabbau – vereinbart, obwohl dadurch das Einkommen der schon Beschäftigten geschmälert wird? So verhalten sich die Gewerkschaften doch, auch die IG Metall, denn sie schließen Tarifverträge unterhalb der Produktivitätsrate, ja zum Teil sogar unterhalb der Inflationsrate ab.

Nun zu Ihnen, Herr Junker, und der Idylle, sie Sie schilderten: Da gehen die Menschen zum Arbeitgeber, verhandeln wohl von gleich zu gleich und setzen so ihre Arbeitszeitwünsche durch. Bloß wie verträgt sich dieser Optimismus mit der Realität? Nach den Zahlen der Bundesregierung würden 44 v.H. der Beschäftigten in Westdeutschland und 28 v.H. der Beschäftigten in Ostdeutschland, also in Vollzeiterwerbsarbeit befindliche Menschen, überwiegend Frauen, gerne teilzeitarbeiten, aber sie tun es nicht, denn sie können es nicht. Und gewiß sind diese vielen, vielen Frauen nicht etwa alle Führungskräfte, für deren Arbeit ein resistentes Vorurteil meint, sie seien nicht teilbar. Wo scheitert denn dann die Realisierung des Wunsches auf Teilzeitarbeit, wenn doch Beschäftigte so unproblematisch ihre Interessen einzeln im Verhandlungswege durchsetzen können, wie Sie meinen, Herr Junker? Ist es nicht sogar bei Ihrem Ansatz zumindest erforderlich, daß es Regelungen gibt, die Ansprüche auf Verhandlungen und Interessenabwägung als eine Art Verfahrenssicherung garantieren, damit im Personalbüro nicht nur Bitten geäußert werden können. Denn die Drohung:

»Was glauben Sie, wie viele auf dem Arbeitsmarkt warten, und schon deshalb motiviert sind?« Ist individuelle Verhandlungsmacht keineswegs flächendeckend gegeben – und ändert sie sich bei den handelnden Personen auch im Zeitablauf, nimmt nämlich bei Belastungen und im Alter ab, so ist doch zumindest jene kollektive Regelung notwendig, die beim Arbeitgeber ein bestimmtes Verhalten gewährleistet und Kriterien setzt für den Abwägungsprozeß der ja unterschiedlichen Interessen. Das können Individualrechte sein oder Rechte im Bereich der Betriebsverfassung. Aber eben auch tarifliche Normen. Diese sind unverzichtbar, denn Frau Wendeling-Schröder hat Recht, wenn sie sagt, den Gegensatz von kollektiver Sicherung versus Individualisierung gibt es real nicht, muß es nicht geben.

Ulrich Zachert

Ich möchte auf einen Punkt von Herrn Hanau eingehen, nämlich das Verhältnis Gesetz / Tarifvertrag. Und Ihre These war, der Gesetzgeber, wenn ich Sie richtig verstanden habe, hat zu stark in tarifautonome Regelungen eingegriffen. Ich sehe das auch so. Das betrifft zurückhaltende Eingriffe etwa durch das Beschäftigungsförderungsgesetz 1985 in Tarifregelungen, die die Befristung sichern, und härtere Eingriffe in dem Hochschulfristengesetz in den BAT SR 2y. Ich möchte das aber noch ein bißchen zuspitzen, weil ich meine, daß der Gesetzgeber in der letzten Zeit durch Interventionen mit zur Verbandskrise beigetragen hat, die sich aktuell auf der Arbeitgeberseite stärker auswirkt als auf der Seite der Gewerkschaften und damit zur Krise der Tarifautonomie, weil die Schere zwischen gesetzlicher Regelung und tariflicher Regelung sehr weit geöffnet ist.

Ein Beispiel ist das Arbeitszeitgesetz mit der 48-Stunden-Woche und der weit darunter regulierten 35-Stunden-Woche auf der tariflichen Ebene. Zweites und aktuelles Beispiel, möglicherweise weichen wir da in der Bewertung ein wenig voneinander ab, die Kürzung der Lohnfortzahlung um $1/5$ bei einer großen Zahl von Tarifverträgen, – ob 80 Prozent minus X oder plus X sei dahingestellt, – welche die 100-Prozent-Regelung absichern. Es liegt auf der Hand, daß es für Unternehmen die Attraktivität der Mitgliedschaft im Verband oder des Eintritts in den Verband nicht erhöht, wenn die Alternative besteht, daß man sich als Außenseiter in sehr viel günstigeren Bedingungen im Hinblick auf die Arbeitszeit und auch im Hinblick auf die Lohnfortzahlung befindet. Ein anderer Aspekt, der mir seit langem durch den Kopf geht, ist die Veränderung des § 116 AFG, die dazu geführt hat, daß in den traditionellen Bereichen, in denen gestreikt wird, die Großbetriebe praktisch streikunfähig geworden sind. Die IG Metall kann in den klassischen Bereichen keinen Streik mehr durchführen, ohne daß sie befürchten muß, daß damit praktisch unkontrollierbare Fernfolgen ausgelöst werden. Anders herum, bestreikbar sind nach dieser Neuregelung wohl nur noch kleinere und mittlere Betriebe, die sich nicht in vernetzten Zusammenhängen befinden. Wohin das führt, das haben wir in der Auseinandersetzung der letzten Tarifbewegung in Bayern gesehen. Auch das trägt zur Krise des Verbandes auf Arbeitgeberseite bei, zu Problemen zwischen mittleren Betrieben und Großbetrieben, schwächt den Verband und schwächt damit die Tarifautonomie.

Diese drei Beispiele Arbeitszeitgesetz, Änderung der Lohnfortzahlung, Veränderung des § 116 AFG zeigen aus meiner Sicht, daß es neben den, ich sage es mal so: endogenen Faktoren einer Verbandskrise, also einer Veränderung des Bewußtseins der Mitgliedschaft, – Stichwort: »Michael-Schumacher-Generation« –, daß es neben diesen endogenen Faktoren, die ja nicht nur die Gewerkschaften und die Arbeitgeberverbände betreffen, sondern auch Kirchen und Parteien, es darüber hinaus auch *exogene Faktoren* gibt, nämlich Interventionen des Gesetzgebers, die ungewollt dazu beitragen, daß die Bindungsfähigkeit, und vor allem die Bindungsfähigkeit auf Arbeitgeberseite nachläßt und damit die Tarifautonomie an Autorität verliert.

Wolfgang Zöllner

Keiner denkt, daß Herr Zachert und ich in dem Punkt auf einer Linie sind. Herr Zachert, Sie haben mich hundertprozentig falsch verstanden. Ich habe gerade das, was Sie verdammen, gelobt. Ich habe gesagt, es ist falsch, wenn der Gesetzgeber selbst zwingend die zentralen Fragen wie Arbeitszeit und Lohnfortzahlung regelt. Ich finde es gut, daß er sich daraus zurückzieht. Ich wollte das nur klarstellen, in diesem Punkt sind wir ganz verschiedener Meinung.

Spiros Simitis

Vorweg noch einmal kurz so viel, nicht zuletzt um voreilige Schlüsse und Mißverständnisse zu vermeiden: Arbeitsrecht ist vor dem Hintergrund der Industriegesellschaft entwickelt worden. Jedes der Institute und der Regelungen, die wir angesprochen haben, spiegelt daher die Erfahrung wider, die der Industrialisierungsprozeß mit sich gebracht hat. Fest steht aber auch: eine lange Epoche geht zu Ende. Die Industriegesellschaft gleitet mehr und mehr in die Vergangenheit über, die Dienstleistungsgesellschaft nimmt immer schärfere Konturen an. Genau deshalb können wir nicht umhin, uns zu fragen, ob wir Regelungssysteme, die unter ganz anderen ökonomischen und sozialen Bedingungen entstanden sind, einfach beibehalten und schlicht fortschreiben, sie aber damit der Geschichte gleichsam entziehen können, oder ob wir akzeptieren müssen, daß die Dienstleistungsgesellschaft andere, ihr angemessene Modelle fordert, die zu überlegen unsere gegenwärtig wichtige Aufgabe ist.

Und noch etwas: Der Übergang von der Industrie- in die Dienstleistungsgesellschaft läßt sich weder kalendarisch genau fixieren, noch kann jemand ernsthaft behaupten, zwischen den beiden Gesellschaftsformen gebe es eine scharfe Zäsur, die es auch erlaube, beide scharf voneinander zu trennen. Im Gegenteil: Die Dienstleistungsgesellschaft entsteht in der Industriegesellschaft, wird zunächst von ihren Merkmalen geprägt und gewinnt erst allmählich ihr eigenes Profil, das wiederum letztlich nur richtig beurteilt werden kann in Kenntnis der Erfahrungen mit der Industriegesellschaft. Nicht von ungefähr folgte beispielsweise auf die lean production das lean banking, gleichsam das letzte einer langen Reihe von Beispielen, die deutlich zeigen, wie der Dienstleistungsprozeß unter dem Eindruck von Vorgaben geformt wird, die für die industrielle Produktion entwickelt worden sind.

Bedenkt man diese Ausgangspunkte, dann wird auch klar, warum ich vor der Illusion gewarnt habe, man könnte mit Hilfe einer immer extensiveren Interpretation der vorhandenen Regulative, Probleme, die für die Dienstleistungsgesellschaft kennzeichnend sind, eingehend und überzeugend behandeln. Auf den Punkt gebracht: »Alte« und neue Selbständigkeit mögen auf den ersten Blick manches gemeinsam haben, sie sind trotzdem grundverschieden. Ganz gleich, ob Sie die Bundesrepublik, die Niederlande, Großbritannien, Frankreich oder die Vereinigten Staaten nehmen, überall zeichnet sich manchmal mehr, manchmal weniger die Tendenz ab, das Arbeitsverhältnis aufzugeben und die Arbeitnehmer in selbständig Beschäftigte umzuwandeln. Die Schwierigkeit liegt nun darin begründet, daß es weder möglich ist, der »neuen« Selbständigkeit die alten, sattsam bekannten Kategorien überzustülpen, kurzum, »Heimarbeiter« und »freie Mitarbeiter« beliebig zu multiplizieren, noch angeht, die »Selbständigkeit« gleichsam zu fetischisieren und jeder Frage nach den Bedingungen, unter denen gearbeitet wird und den Konsequenzen für die Betroffenen auszuweichen. Nichts anderes gilt für die Teilzeitarbeit. Allen gegenteiligen Behauptungen zum Trotz ist sie längst keine nebenher abzufertigende Ausnahme mehr. Genaugenommen entwickelt sie sich zunehmend zum beherrschenden Arbeitsmodell. So unterschiedliche Faktoren wie die demographische Entwicklung und die Gleichstellungsverpflichtung tragen entscheidend dazu bei. Nur: Untersuchungen, wie sie etwa in den Niederlanden durchgeführt worden sind, haben gezeigt, daß Teilzeitarbeit in Dequalifikation umzuschlagen droht, eine Konsequenz, die auch und gerade aus der Perspektive der Unternehmer nicht akzeptabel sein kann. Nicht zuletzt die Erfahrungen in der Bundesrepublik lassen zudem erkennen, daß Teilzeitarbeit leicht in mehr Schwarzarbeit umschlägt. Die Konsequenz drängt sich fast von selbst auf und ist beispielsweise sowohl in Frankreich als auch in den Niederlanden gezogen worden: was wirklich Not tut, ist eine rechtliche Regelung, die gezielt verschiedene Beschäftigungsformen miteinander verbindet und damit einerseits ein Höchstmaß an Flexibilität sichert sowie andererseits den Beschäftigten ein Mindestmaß an Stabilität und Dauer der Beschäftigung garantiert, ein Ziel, das nicht zuletzt dazu zwingt, die bisherigen Formen der sozialen Sicherung zu überdenken, also zu gewährleisten, daß die veränderte Beschäftigungsform mit allen Risiken mündet.

Bleibt ein letzter Punkt: die von Frau Pfarr erwähnte, mit der Individualisierung verbundene Partikularisierung der Interessenwahrnehmung. Sicher, jede Abkehr von wie immer zentralisierten Verhandlungs- und Vereinbarungsformen führt zu einer Partikularisierung, ganz gleich im übrigen, ob der Entscheidungsprozeß auf die betriebliche Ebene verlagert oder der einzelne Arbeitnehmer in den Vordergrund rückt. Im einen wie im anderen Fall verändert und verengt sich zugleich die Perspektive, betriebliche oder individuelle Erwartungen beherrschen das Feld. Im übrigen manifestiert sich darin nicht zuletzt der wachsende Anspruch der Arbeitnehmer, ihre Interessen dort wahrzunehmen, wo sie jeweils selbst in der Lage sind, ihre Erwartungen am besten zu beurteilen und sie folglich auch am konsequentesten einbringen können. Nur sollte man darüber nicht vergessen, daß sich auch in der Entwicklung der Gewerkschaften eine Partikularisierung vollzogen hat. Die einst so selbstverständliche Gleichsetzung gesamtgesellschaftlicher und kollektiver Arbeitnehmerinteressen ist mehr und mehr einer spezifischen »berufsständischen« Sicht gewichen. Die Ökologiedebatte ist dafür ebenso symptomatisch wie etwa die Auseinandersetzung um durchaus klassische, mittlerweile aber schwindende Industriesektoren. Im einen wie im anderen Fall prägt die spezifische »Berufsperspektive« die Reaktion, auch eine Entwicklung, die sich quer durch die industriell hochentwickelten Staaten verfolgen läßt, selbst wenn sie nicht immer so prononciert ist wie in den Vereinigten Staaten. Erst recht folgt aber daraus die Notwendigkeit zu fragen, wie sich Interessenvertretung in einer Dienstleistungsgesellschaft gestaltet, eine Frage, die einmal mehr dazu zwingt, scharf zwischen Individualisierung und Atomisierung zu unterscheiden, die Individualisierung nicht einfach mit einer Verleugnung der kollektiven Interessen gleichzusetzen.

Renate Jäger

Nachdem die neuen Selbständigen mehrfach erwähnt worden sind, wollte ich dazu vielleicht noch eine kleine Anmerkung aus der Sicht des Sozialrechts machen. Da sind nämlich die neuen Selbständigen so neu gar nicht. Obwohl das Sozialversicherungsrecht immer am Beschäftigungsverhältnis angeknüpft und ja den staatlichen Schutzauftrag schon verwirklicht hat zu einer Zeit, als es weder ein Grundgesetz gab noch dieser Begriff erfunden war, hat man zu der Zeit erkannt, daß es bestimmte Gruppen von Selbständigen gibt, die man selbstverständlich einbeziehen muß. Und sie waren einbezogen. Die kleinen Selbständigen, die es damals auf dem so vorgefundenen Terrain des Deutschen Reiches gab, nämlich die Hauslehrer, die Hebammen sowie die Musiker oder Küstenschiffer ohne Angestellte, nur um mal welche zu nennen. Die Sorte, die wir heute haben, die gab es ja noch nicht, und die Hauslehrer sind inzwischen ausgestorben. Dafür haben wir andere schutzbedürftige Berufe. Man muß sehen, daß das nur ein Wandel in der Ausprägung ist. Aber den Aspekt, daß soziale Schutzbedürftigkeit dazu führen muß, eine soziale Grundsicherung zu geben, den hat es gegeben, und sie war, da sie nicht arbeitsrechtlich ausgestaltet war, auch durch Gesetzgebungsakt möglich. Und da wäre, für meinen Begriff, auch heute natürlich der Ansatzpunkt, der mühelos zu verwirklichen wäre, indem der historische Gedanke aufgegriffen wird und Selbständige, die nur ein ganz bestimmtes ökonomisches Niveau erreichen, zu Pflichtversicherten werden; sie müssen dann natürlich ihre Beiträge selbst zahlen. Aber jeder, der eine Haftpflichtversicherung für sein Auto abschließt, muß sie ja auch selbst tragen. Nur sieht man dann, daß der Vorteil der Selbständigkeit, der ökonomische Zugewinn, sich drastisch reduziert, wenn man gleichzeitig wiederum verpflichtet wird, nicht etwa den Steuerzahlern zur Last zu fallen und später Sozialhilfeempfänger zu werden, sondern sich in das vorgegebene soziale System integrieren zu lassen.

Thomas Kohler

Ich hoffe, daß Sie etwas Geduld mit meinem Deutsch haben. Eine der Prämissen der Flexibilisierung der Arbeitsbeziehungen ist, daß mehr sicherere Arbeitsplätze das Ergebnis sein werden. Fast selbstverständlich sind die Vereinigten Staaten das Vorbild der Flexibilität und Anpassungsfähigkeit. In den sechziger Jahren wurde Deutschland ein »Wirtschaftswunder« genannt. Aber heute liest man regelmäßig vom »Jobwunder Amerika«. Seit 1993 wurden 10,5 Millionen neue Arbeitsstellen in den Vereinigten Staaten geschaffen. Allein 210 000 im Oktober dieses Jahres. Außerdem beträgt die amerikanische Arbeitslosenquote knapp 5,1 Prozent. Zu Recht kann man diese Leistungen bewundern.

Man liest und hört auch ständig von »downsizing« und Massenentlassungen. Zum Beispiel hat AT & T im Januar mitgeteilt, daß 40 000 leitende Angestellte abgebaut würden, und im September hat IBM verkündet, daß bis zu 10 000 leitende Mitarbeiter entlassen würden. Man hört von »working poor« und Leuten, die zwei oder drei »Jobs« haben. Deshalb ist es vielleicht keine Überraschung, daß der Zeitarbeitsunternehmer »Manpower, Inc.« mehr Personen als alle anderen amerikanischen Arbeitgeber beschäftigt. Dasselbe gilt für »Wal Mart« (eine Kette von Discountläden), die mehr Arbeitnehmer als General Motors, Ford und Chrysler insgesamt beschäftigt. Der größte Teil davon sind Teilzeitbeschäftigte. 1988 hat die bekannte Arbeitsmarktanalytikerin Andy Freeman, vor dem amerikanischen Kongreß ausgesagt, daß »just-in-time«-Beschäftigung immer mehr die Praxis unter den amerikanischen Arbeitgebern sein wird. Sie hat auch bemerkt, daß in Zukunft »alle Arbeitsverhältnisse locker sein werden«. Nun: was kann man über das amerikanische Arbeitsverhältnis sagen? Ändert es sich, oder nicht? Ist die Arbeitsbeziehung kürzer und sicherer als vor 10 oder 20 Jahren? Die Antwort ist klar: es kommt darauf an, wen man liest, auf welche statistische Quelle man sich beruft usw. Mit anderen Worten: alles in allem ist die Frage sehr umstritten. Meine Bemerkungen bestehen aus zwei Teilen: zuerst einmal versuche ich eine Skizze der Lage in den Vereinigten Staaten zu entwerfen und dann sage ich etwas zu den Trends. Eine eindeutige Aussage über die Stabilität des Arbeitsverhältnisses bei uns ist schwierig. Klar ist indessen, daß das Arbeitsverhältnis für Männer, die weniger als 12 Jahre Schulausbildung haben, das heißt, die nicht high-school-Absolventen sind, im Durchschnitt bedeutend kürzer als vor 20 Jahren ist. Wir können ein »kurzes Arbeitsverhältnis« definieren als ein Arbeitsverhältnis, das weniger als ein Jahr dauert. Die Wahrscheinlichkeit für einen nicht high-school-Absolventen, ein kurzfristiges Arbeitsverhältnis, das heißt short-termin-employment, zu haben, war 1993 16 Prozent höher als zwanzig Jahre zuvor. Die Zahl beträgt 10 Prozent für Männer, die genau 12 Jahre Schulausbildung haben. Kurz gesagt: je jünger man ist und je niedriger das Schulausbildungsniveau, desto weniger stabil ist das Arbeitsverhältnis. Die Statistiken zeigen, daß die Chancen auch für Männer, die im Alter von 55 bis 64 Jahren sind, zurückgegangen sind.

Das Bild für Frauen ist unterschiedlich. Ein langfristiges Arbeitsverhältnis dauert 10 oder mehr Jahre. Für Frauen ist es zur Zeit bedeutend wahrscheinlicher als vor 20 Jahren, langfristige Arbeitsplätze zu haben. Das gilt vor allem für Frauen, die mehr als 12 Jahre Schulausbildung haben. Diese Zahlen reflektieren, daß Frauen zunehmend eine engere Bindung an den Arbeitsmarkt haben. Sie zeigen auch, daß so etwas wie Erziehungspause für Frauen mit Kindern fast unbekannt ist. Seit den siebziger Jahren ist die Dauer des Arbeitsverhältnisses insgesamt wenig verändert. Aber langfristige Arbeitsplätze werden heutzutage anders verteilt. Die Chancen auf ein langfristiges Arbeitsverhältnis sind niedriger für Männer mit wenig Schulausbildung und für Männer, die über 55 Jahre alt sind, aber sie steigt für Frauen. Ob und inwieweit die Qualität der langfristigen Arbeitsplätze für Männer und Frauen ähnlich sind, bleibt eine offene Frage. Im Vergleich zu den achtziger Jahren steigt jetzt die Wahrscheinlichkeit, daß ältere, ausgebildete Personen von Entlassungen und Arbeitslosigkeit betroffen werden. Während der Rezession von 1990/91 war die Wahrscheinlichkeit für Collegeabsolventen, ihre Arbeitsplätze zu verlieren, um 15 Prozent höher als während der Rezession von 1982/83. Während der Rezession von 1982/83 waren Entlassungen hauptsächlich auf den Produktionsbereich konzentriert. Im Gegensatz dazu spielen sich die Entlassungen in den Jahren 1990/91 hauptsächlich in der Dienstleistungsbranche ab. Man könnte vielleicht sagen, daß der Strukturwandel zur Zeit die höheren Gesellschaftsschichten betrifft. Aber inwieweit dieser Wandel sich vollzieht, ist noch nicht völlig klar.

Während der Rezession von 1990/91 war es für Männer im Alter von 45 bis 60 Jahren bedeutend wahrscheinlicher, ihre Arbeitsplätze zu verlieren, als während der Rezession von 1982/83. Während des ökonomischen Aufschwungs der Jahre 1991 bis 1993 war die Entlassungsrate gleich der Rate, die wir während der Rezession 1981 bis 1983 erlebt haben. Ein entlassener Arbeitnehmer oder Angestellter bekommt im Durchschnitt 15 Prozent weniger Lohn auf seinem neuen Arbeitsplatz, als er auf seinem alten Arbeitsplatz bekam. Die Rate der atypischen Arbeit, das heißt Haushaltsbeschäftigung, Leiharbeit, freie Mitarbeiter usw. kann zeigen, wie das Arbeitsverhältnis sich ändert. Wiederum ist das Bild noch nicht völlig klar. 1995 hat das Bureau of Labor Statistics berichtet, daß nur 4,9 Prozent der erwerbstätigen Bevölkerung als atypische Arbeiter beschäftigt werden. Aber das Büro hat den Begriff atypische Arbeit sehr eng definiert. Früher wurde die Zahl von manchem auf 25 Prozent geschätzt. Nach Lawrence Mitchell, Jared Bernstein und John Smith betrug 1995 der Anteil fast 9 Prozent. In Wahrheit ist es vielleicht näher bei 15 Prozent. In bezug auf Selbständige (oder sagen wir self-employed) scheint es manchmal, daß jede zweite Person in Boston eine »Consulting« ist. Mitchell et al. bemerkten, daß ungefähr 8 Prozent der erwerbstätigen Bevölkerung Selbständige sind. Sie bemerken auch, daß in Wirklichkeit die Selbständigen oft unter Wert beschäftigt sind. Zum Schluß meine Meinung zu diesen Trends: Ändert sich das Arbeitsverhältnis? Das ist unbedingt zu bejahen. Sicher gibt es Streit über die Statistiken und was sie bedeuten. Kurz gesagt sind jedoch zur Zeit alle unsere Beziehungen weniger stabil und zerbrechlich. Es kann keine Überraschung sein, daß das Arbeitsverhältnis auch schwächer und lockerer wird.

Der Strukturwandel des Arbeitsverhältnisses ist mehr als ein wirtschaftliches Phänomen. Die Triebfeder dieses Wandels ist der Individualismus und eine Einstellung zur Anthropologie der Person, die ein Bestandteil der Modernität ist. Amerika ist das Heimatland des Individualismus. Also ist bei uns die Änderung des Arbeitsverhältnisses weiter entwickelt als anderswo. Die Managementtheorie beruht auch auf dem Individualismus. Unter unseren erfolgreichen Exporten sind Managementtheorien und Business-School-Absolventen. Die Änderung des amerikanischen Arbeitsverhältnisses und die damit verbundenen Probleme kommen – vielleicht langsam, aber zwangsläufig – auch zu Ihnen. John Lockes Welt wird auf Hegels Welt gelegt. Die Ergebnisse könnten interessant sein.

Ulrike Wendeling-Schröder

Nach einem solchen Gesamtüberblick ist es natürlich ein bißchen schwierig, ihn auf unsere Diskussion zu beziehen. Ich denke, ein Punkt ist ganz wichtig, den wir heute morgen zu wenig beachtet haben. Wir haben anhand des Referates von Herrn Junker ja schon gesehen, daß beim Begriff der Globalisierung im Grunde zu differenzieren ist.

Herr Junker hat völlig richtig festgestellt, daß sich keineswegs jede Branche in der Globalisierung befindet. Das gleiche ist eben im Vortrag von Herrn Kohler noch einmal deutlich geworden. Auch was die Arbeitsverhältnisse und ihre Zukunft angeht, ist zu differenzieren. Man muß sehen, inwieweit sich die Arbeitsverhältnisse in der Zeit ändern. Der Gesichtspunkt der »kurzen Arbeitsverhältnisse« wird bei uns, soweit ich das wahrnehme, bisher zu wenig diskutiert. Und auch die Frage, wer wirklich betroffen ist, scheint mir für die praktische Umgehensweise mit dem Problem ganz entscheidend zu sein. Soweit ich das wahrnehme, ist es so, daß die Bundesrepublik auf Qualifizierung setzt. Sie haben aber durchaus differenzierte Erkenntnisse hinsichtlich der Qualifizierung und ihrer Auswirkungen beschrieben. Von daher denke ich, auch dieses Konzept muß noch einmal überdacht werden. Nicht daß ich davon ausginge, daß dies ein Schritt in die falsche Richtung ist. Aber man muß wissen, an welchen Stellen Probleme und die Risiken bestehen. Im übrigen: Was mir nach Ihrem Vortrag noch ganz unerklärlich ist, ist die Frage, warum die Frauen längere Arbeitsverhältnisse haben. Wenn ich Sie richtig verstanden habe, hängt das damit zusammen, daß dies nur für höher qualifizierte Frauen gilt. Aber gleichwohl – es ist ja erst einmal ein ganz ungewöhnlicher Befund.

Ich habe für unsere Diskussion als wesentliches Resultat aus Ihrem Vortrag neben dieser Notwendigkeit der Differenzierung die Problematik des Arbeitsverhältnisses in der Zeit mitgenommen. Auch bei uns gibt es ja die Diskussion darüber, daß Arbeitsverhältnisse eben nicht mehr immer Lebensarbeitsverhältnisse sind, sondern daß ganz häufig Brüche vorkommen. Inwieweit kann man diese Brüche nutzen für Qualifikationsphasen? So könnte vielleicht verhindert werden, daß es nach jedem

Jobwechsel zu einer Minderung des Entgelts kommt und sich damit alle schwierigen Folgeprobleme stellen. Dies scheint mir ein wichtiger Ansatz für die weitere Diskussion um die »just-in-time-Beschäftigung« zu sein. Das läuft auch darauf hinaus, daß man Arbeits- und Sozialrecht wieder enger verzahnen muß.

Ansonsten sehe ich aus der Diskussion heute morgen natürlich auch noch jede Menge Fragen. Wir werden diese nicht alle ausdiskutieren können. Für die weitere Diskussion scheinen mir vor allem drei Punkte wesentlich. Einmal die These, daß sich die Arbeitsbeziehungen bei uns ausdifferenzieren. Herr Hanau hat dies deutlich gemacht am Beispiel Großbetriebe/Kleinbetriebe. Wir haben dann aber auch noch darüber diskutiert, inwieweit das Arbeitsrecht sich konzentrieren sollte auf wirkliche soziale Schutzbedürftigkeit i.e.s. Es wäre interessant zu diskutieren, ob man hier tatsächlich differenzieren kann, etwa nach dem Motto: Arbeitsrecht für die, die weniger als 6000 DM verdienen, kein Arbeitsrecht für die, die mehr als 6000 DM verdienen. Ein zweiter Punkt, den man weiterdiskutieren sollte, ist die Tarifdispositivität des Arbeitsrechts. Das Resultat wäre in der Tat eine Flexibilisierung. Problematisch ist aber, daß man so unter Umständen Mindestbedingungen aufgibt, ohne daß es eine Sicherheit dafür gibt, daß die Tarifverträge die Standards halten können. Gleichwohl ist das Konzept unter dem Gesichtspunkt der vertragsförmigen Gestaltung in sich konsequent. Fraglich ist nur, ob so ein effektiver Schutz möglich ist. Man muß wohl an dieser Stelle noch weiter diskutieren. Und der letzte Punkt, den man auch ausführlicher mit unseren bisherigen Diskussionen verzahnen müßte, ist die Rolle von global produzierenden Unternehmen, auf die Herr Simitis aufmerksam gemacht hat. Inwieweit beeinflussen diese die nationale Arbeitsrechtsordnung? Es könnte sein, daß diese multinationalen Unternehmen entweder Vorbildfunktion haben für die nationalen Arbeitsrechtssysteme oder, daß sie die nationalen Arbeitsrechtssysteme unterhöhlen. Eine gewisse Tendenz, die dahin weist, daß die Multis oder global agierenden Unternehmen Arbeitsbeziehungen sehr stark definieren werden, liegt zum Beispiel in den Europäischen Betriebsräten. Im Kern handelt es sich sicher um eine positive Tendenz, aber ich denke, es gibt darin auch gewisse Ambivalenzen, die man ebenfalls diskutieren muß, wenn man versucht, eine Prognose für die Zukunft zu machen.

Abbo Junker

Ich habe mit großem Interesse den Vortrag von Herrn Kohler gehört und daraus abgelesen, daß das ja alles sehr beunruhigend ist, was da auf uns zukommt. Und die Frage ist, wie reagieren wir darauf. Bevor ich diese Frage zu beantworten versuche, würde ich gerne aus der Vormittagsdiskussion noch einmal die Anregung von Herrn Simitis herausgreifen wollen: Können wir eigentlich Regelungen, die in einer Industriegesellschaft entwickelt worden sind, unbesehen übertragen auf die Dienstleistungsgesellschaft? Oder muß sich die Dienstleistungsgesellschaft ihre eigenen Regeln suchen? Dann ist es vielleicht sinnvoll, daß wir diesen Prozeß durch ein offensives Herangehen an diese Veränderungen zu beschleunigen suchen, anstatt das, was sich vielleicht gar nicht mehr festhalten läßt, festzuhalten. Ich will das verdeutlichen anhand der drei Punkte, die Frau Wendeling-Schröder vorgestellt hat. Der erste Punkt ist die Notwendigkeit weiterer Ausdifferenzierung. Hier scheint es in der Tat ein bedenkenswertes Modell zu sein, dadurch zu einer Deregulierung zu kommen, daß man die schutzbedürftigen Arbeitnehmer klarer definiert als bisher und versucht, eine Art Obergrenze zu finden. Ob das nun quantitativ sein muß oder qualitativ, das halte ich noch nicht für ausgemacht. Wesentlich brisanter ist das Verhältnis Tarifvertrag / Einzelvertrag: Wieviel Individualisierung können wir vertreten? Da würde ich die Dinge differenzierter sehen als Frau Pfarr. Ich glaube nicht, daß Menschen, wenn sie nicht kontrolliert werden, dazu neigen, den anderen über den Tisch zu ziehen. Daß wir letztlich nicht darauf vertrauen können, daß – jedenfalls in bestimmten Bereichen – eine freie Vereinbarung möglich sein soll. Ich werde in dieser Überlegung bestärkt durch den Befund, daß in manchen Unternehmen, die nicht tarifgebunden sind, höhere Arbeitsbedingungen gewährt werden als in tarifgebundenen Unternehmen. Das hat viel mit der Unternehmenskultur zu tun. Ich möchte ganz energisch widersprechen, daß ein Unternehmen heute noch konstruiert ist nach dem Motto: ihr da unten, wir hier oben. Ich glaube, daß die Industriekultur weniger schnell sterben wird als manche das vorhersehen. Aber ich bin sicher, daß wir in einer Endzeit sind, und daß wir in Übergang auch zu anderen Formen wirtschaftlicher Betätigung sind. Solange wir in dieser Übergangszeit sind, stellt sich die Frage, wie reagieren wir auf diese bedrohlichen Veränderungen. Durch Zwang? Etwa indem wir sagen, dem Einzelnen muß noch stärker als bisher die Rechtsdurchsetzung von den Kollektiven abgenommen werden? Oder durch eine angebotsorientierte Ausdifferenzierung? Da komme ich zu dieser Viessmann-Situation. Herr Dieterich, wir sind in dem entscheidenden Punkt einig. Natürlich ist das keine freie Entscheidung in dem Sinne, daß die Arbeitnehmer sagen, wir finden das Unternehmen so toll, daß wir jetzt für das gleiche Entgelt drei oder vier Stunden in der Woche länger arbeiten. Aber die Arbeitnehmer haben eben, vielleicht deutlicher als die Tarifparteien, gesehen, daß unter dem Druck der Globalisierung – das ist das dritte Stichwort, das Frau Wendeling-Schröder angesprochen hat – nationale Arbeitsbedingungen viel stärker auf den Prüfstand gekommen sind, als wir das in unseren national besetzten Gesprächsrunden anzuerkennen bereit sind. In einigen Fällen ist keine andere Möglichkeit zu sehen, die Arbeitsplätze in Deutschland zu halten, als eine solche Vereinbarung. Dann ist Freiheit Einsicht in die Notwendigkeit. Insofern würde ich hier in der Tat eine Freiheitsbetätigung sehen. Das machen die nicht gerne. Ich kenne auch einige der Arbeitnehmer, die in Offenburg bei dem Unternehmen unterschrieben haben: die sind davon wenig begeistert. Aber sie haben das Problem sehr lange in ihrem Kopf hin- und hergewälzt, sie haben keine andere Möglichkeit gesehen, die Arbeitsplätze zu sichern.

Schließlich noch eine Anmerkung zu der Frage des Rechtsprechungsrechts. ich würde es nicht für naiv halten, Deregulierung durch Kodifizierung herbeizuführen. Ich stelle mit immer vor, wo wir heute wären, Herr Weiss, wenn wir kein AGB-Gesetz hätten. Ob dann die Rechtsprechung zum Verbraucherschutz auf diesem Gebiet noch in irgendeiner Hinsicht handhabbar und zu verstehen wäre. Ich möchte abschließend noch ein Zitat bringen. Es ist gesagt worden, daß meine Analysen und Thesen etwas radikal seien. Ich lese Ihnen einmal etwas wirklich Radikales vor: »Der Tarifvertrag in der Metallindustrie ist ja doch längst virtuelle Realität. Er interessiert außer dem Verhandlungsführer niemanden mehr. Zeitarbeitsfirmen bieten uns jetzt die Leute an, die wir 1991 entlassen haben, zur Hälfte der Kosten, die wir bei unseren verbliebenen Leuten haben. Das zeigt, wie weit die Tarifparteien von der Realität weg sind. Zulieferfirmen bieten uns vieles billiger an, als wir es selbst herstellen könnten. Weil sie Tarife nur noch vom Hörensagen kennen.« Das hat kein Redakteur der Frankfurter Allgemeinen Zeitung formuliert, sondern Lothar Späth, immerhin Vorstandsvorsitzender der Jen-Optik AG. Die Frage lautet wieder: Wie reagieren wir darauf? Die Entscheidung der Arbeitnehmersicht ist: Halten wir an dem tariflichen Modell fest, pochen wir auf unsere Rechte, die wir ohne weiteres dadurch gerichtsfest machen könnten, daß wir in die Gewerkschaft eintreten? Und riskieren wir damit, daß der nächste Akt die Verhandlung über einen Sozialplan ist? Oder überlegen wir uns individuell, ob wir eine Beschäftigungsgarantie haben möchten bis zum Jahre 1999 und dafür bereit sind, auf drei Stunden Freizeit zu verzichten? Das sehe ich als Wahl. Diese Beschäftigungsgarantie steckt doch in allen diesen Modellen. Ich bin mit dem Viessmann-Fall nicht vertraut, aber bei Burda ist das Modell so, daß der Unternehmer bis 1999 auf betriebsbedingte Kündigungen verzichtet. Mit dem herkömmlichen Günstigkeitsprinzip kriegt man das nicht hin. Aber der einzelne Arbeitnehmer kann sich schon sehr genau überlegen: Bringt mir das etwas oder nicht? Daß er sich nicht völlig frei von allen Zwängen entscheiden kann, ist eine Situation, die man in jeder Lebenslage antreffen kann.

Michael Kittner

Ich habe vier Punkte. Zum Viessmann-Fall kann ich nur sagen: dafür gibt es ein einfaches gesetzliches Modell, nämlich den durch die Tarifvertragsparteien gebilligten Vergleich. Das heißt, nicht eine amorphe, sich selbst überlassene Belegschaft stimmt einem Deal zu, auf dessen einer Seite der Lohnverzicht gewiß, aber die Gegenleistung typischerweise nach dem Prinzip Hoffnung strukturiert und im übrigen auch nicht ordentlich ausgehandelt ist, sondern es gibt ein ausgehandeltes Gesamtarrangement mit der Gewerkschaft. Es ist übrigens eine der unangenehmsten Aufgaben der Tarifvertragspartei, und in diesem Fall heißt es der Gewerkschaft, an den Unfallort zu eilen und zu sehen, daß das, was unvermeidlich ist, so gut wie möglich arrangiert wird. Und das heißt: die Beschäftigungsgarantie so wasserdicht wie möglich zu gestalten und Beiträge der übrigen Beteiligten fair auszuhandeln. Zweiter Punkt: Da will ich das, was Herr Zöllner in einem Diskussionsbeitrag gesagt hat, etwas polemisch zusammenfassen. Er sagt nämlich nichts anderes als: ich will einen Mechanismus haben, mit dem ich von Kosten runterkomme. Das ist Samuel Gomper umgekehrt. Ich will das einmal von der betriebswirtschaftlichen Seite unter dem Stichwort qualitatives Management beschreiben. Ich nehme als Prämisse, daß wir in einem Unternehmen in der Lage sind, daß von der Belegschaft ein Kostensenkungsbeitrag kommt. Dann haben wir zwei Möglichkeiten. Wir machen es dem Arbeitgeber leicht, von den Kosten runterzukommen. Das ist sozusagen das Modell Zöllner. Oder wir machen es ihm schwieriger. Das heißt, de lege lata, geht es nicht so einfach zum Beispiel mit den Hindernissen, die das BAG beim Abbau übertariflicher Leistung eingebaut hat über die Mitbestimmung bei der Verteilung. Und genau das ist insbesondere am Standort Deutschland geradezu unverzichtbar, daß es dem Arbeitgeber nicht zu leicht gemacht wird, an das Geld der Belegschaft zu kommen, weil nämlich die Überwindung von rechtlich gestützten Widerständen ein hochproduktiver Beitrag ist, um Organisation zu optimieren. Gehen Sie in die großen Unternehmen, sehen Sie sich an, was z. B. bei Daimler-Benz im Moment abläuft, da wird die

Belegschaft wirklich hart rangenommen. Und sie muß viel beibringen. Was aber dabei auch herauskommt, ist der Zwang des Managements, einen eigenen Organisationsbeitrag zu leisten. Übrigens sind die Betriebsräte zu 90 Prozent ihrer Zeit Ko-Management auf der Suche nach Ablaufoptimierung. Diese auch volkswirtschaftlich hochproduktive Art der Krisenbewältigung wird garantiert durch ein, jetzt sage ich einmal: starres Arbeitsrecht. Das heißt, das Arbeitsrecht zwingt das Management zum Bohren der dicken Bretter.

Letzter Punkt: Was Arbeitsrecht eigentlich soll? Wir haben ein Arbeitsrecht, das an einem sehr klar definierten Vertragstypus orientiert war, dem Arbeiter im klassischen Betrieb. Jetzt haben wir neue Strukturen. Das heißt doch aber nicht, daß wir für diese Leute kein Arbeitsrecht in materiellem Sinne brauchen. Den Arbeitern, für die Arbeitsrecht erfunden wurde, war es doch egal, ob das »Arbeitsrecht« heißt, für sie war das »Schutzrecht« in dieser Hinsicht, da weiß ich nicht, warum wir uns so schwer tun. Da sehe ich mir doch nur das Wettbewerbsrecht an. Da haben wir doch das »Arbeitsrecht« für den Tankstellenpächter oder für den ganz kleinen Gastwirt, der einen Bierbezugsvertrag hat. Also wir haben Mißbrauchskontrolle, die mag jetzt weit gehen oder nicht so weit, jedenfalls knüpft sie an ungleiche Vertragsmacht an, d. h. an typische Imparitäten des Austauschverhältnisses. Die Frage lautet dann: Was ist bei diesem Typus von Vertrag ein typischer Gefährdungsbereich? Wo leuchtet die gelbe Lampe auf? Wo müssen wir sehen, daß es nicht rot wird? Man wird dann sehen müssen, daß man, wie beim Verbraucherrecht, für typische Risikobereiche typische Lösungen entwickelt.

Peter Hanau

Sie sprachen von den Wirtschaftsbereichen aus dem 19. Jahrhundert. Es gibt auch noch einen aus dem 18. Jahrhundert, den Öffentlichen Dienst. Aber das nur nebenbei. Ich habe mich gemeldet, um Frau Wendeling-Schröder eine Gewissensfrage zu stellen. Aber nachdem Herr Kittner gesprochen hat, will ich ihm auch eine Gewissensfrage stellen. Frau Wendeling-Schröder, die Gewissensfrage ist die, wir haben jetzt Herrn Kohler gehört. Wenn ich Sie richtig verstanden habe, Herr Kohler, haben Sie gesagt, in einem Monat sind 210 000 neue Arbeitsplätze geschaffen worden. Das ist doch eine Gewissensfrage für uns, Frau Wendeling-Schröder. Bei uns steigen trotz guter Konjunktur die Arbeitslosenzahlen, der DGB sagt mit Recht, sie sind in Wirklichkeit noch viel höher. In Amerika sehen wir das rapide Gegenteil. Da müssen wir als Arbeitsrechtler uns äußern. Mich beunruhigt das amerikanische Beispiel nicht, wie Sie nicht das deutsche Beispiel beunruhigen. Und Sie müßten entweder sagen, Sie leugnen irgendeinen Zusammenhang mit dem Arbeitsrecht einschließlich Löhne. Es ist ja immerhin bezeichnend, der amerikanische Mindestlohn ist 5,15 $ nach der Erhöhung oder 5,25 $. Der deutsche Bauarbeiter hat einen Mindestlohn, nach dem nur Ausländer bezahlt werden sollen, bei 17 DM. Oder Sie müssen sagen, und das ist, glaube ich, unsere heimliche Philosophie, wir leisten uns so viele Arbeitslose, weil wir wollen, daß die, die arbeiten, die besseren Bedingungen haben. Das trauen wir uns aber nicht auszusprechen. Aber da müssen wir jetzt Farbe bekennen. Was sagt uns das amerikanische Beispiel, wenn ich Sie fragen darf, was ist Ihre Antwort? Ist die Antwort, Sie leugnen den Zusammenhang zwischen Arbeitsrecht und Lohn und Beschäftigung? Oder sagen Sie, das deutsche Beispiel mit hohen Arbeitslöhnen, gutem Arbeitsrecht und vielen Arbeitslosen ist Ihnen lieber? Herr Kittner, die Gewissensfrage an Sie betrifft den Fall Viessmann. Ich habe ja gesagt, das kann man arbeitsrechtlich machen, indem man aus dem Verband rausgeht. Sie haben eine andere Alternative gezeigt, die natürlich viel sympathischer ist, nämlich mit dem Verband. Sie sagen, das kann man auch mit den Gewerkschaften machen. Dann haben Sie Vulkan und andere Fälle genannt. Heißt das, daß Sie sagen wollen, die IG Metall ist zu diesen Dingen bereit, wenn die Firmen zusammengebrochen sind? Ich frage Sie mal ganz konkret, im Falle Viessmann sind sicher Ungeschicklichkeiten gewesen, aber der Fall ist ja klassisch. Es sagt, ich gehe nach Tschechien, dann hat man das, was mich überrascht, im Grunde mit einer geringfügigen Erhöhung der Arbeitszeit aufgefangen. Die IG Metall hat ja dagegen geklagt. Jetzt sagen Sie uns, das kann man mit uns machen. Also beim Fall Viessmann hat die IG Metall das Gegenteil gemacht. Sie hat sich striktest dagegen gewandt. Also die Gewissensfrage, wie steht die IG Metall denn nun zu dieser elementaren Grundsituation, die es sehr vielfältig gibt? Wartet sie, bis die Firmen zusammenbrechen oder spielt sie schon früher mit?

Manfred Weiss

Ich möchte gerne zwei Bemerkungen machen: eine etwas umfänglichere und eine sehr kurze. Ich beginne mit der umfänglicheren. Der Hinweis darauf, daß es auf die Verschiedenheit der Interessen Rücksicht zu nehmen gilt, wenn man die Freiräume der Arbeiter erweitern und ihren Bedürfnissen gerecht werden will, ist sicher richtig. Dabei ist allerdings zu bedenken, daß die Unterschiedlichkeit der Interessen nicht nur an der Lohnhöhe festmacht. Betrachtet man die Segmentierung und Fragmentierung des Arbeitsmarkts, so wird die Verschiedenheit der Interessen zwischen Arbeitnehmern mit befristetem und unbefristetem Arbeitsverhältnis, zwischen Voll- und Teilzeitarbeitnehmern oder zwischen Inländern und Ausländern – um nur einige Beispiele herauszugreifen – überdeutlich. Was nun die verfügbaren kollektiven Mechanismen angeht, habe ich ein wenig den Verdacht, daß sie durchaus geeignet sind, den Bedürfnissen der jeweiligen Mehrheiten gerecht zu werden, daß sie aber beim Minderheitenschutz versagen. Es ist nun einmal nicht zu leugnen, daß in den Gewerkschaften weder die Teilzeitbeschäftigten, noch die befristeten Beschäftigten, großen Einfluß ausüben. Das hat natürlich auch Auswirkungen auf den Inhalt von Tarifverträgen. Deshalb habe ich Bedenken gegen das Konzept von Herrn Hanau, alles tarifdispositiv zu stellen. Es ist meines Erachtens besser, wenn Minderheitenschutz gesetzlich oder justiziell so verfestigt ist, daß ihn auch Tarifparteien nicht unterlaufen können. Wenn die Strukturen innerverbandlicher Demokratie sich entscheidend verändern würden, käme ich vielleicht zu einem anderen Schluß.

Doch derzeit traue ich den Tarifparteien als Minderheitenschützern nicht viel zu. Dasselbe gilt übrigens auch für die Betriebsebene. Lassen Sie mich das an einem Beispiel verdeutlichen. Aus den Arbeitslosenstatistiken können wir ohne Schwierigkeiten ersehen, daß die Gruppen überproportional vertreten sind, die eigentlich bei konsequent durchgeführter Sozialauswahl bisheriger Prägung zuletzt hätten gekündigt werden dürfen. Diese Selektion vollzieht sich in trautem Einvernehmen mit den Betriebsräten, deren Interesse an der Zusammensetzung der

Belegschaft mit dem des Arbeitgebers insoweit oft konform geht. Kurzum: die Mehrheitsperspektive setzt sich auch hier durch, und zwar ohne daß es einen Sanktionsmechanismus gibt. Denn diejenigen, die draußen sind, stimmen bei der nächsten Betriebsratswahl nicht mehr mit. Die verbliebenen Arbeitnehmer honorieren ganz im Gegenteil eine solche mehrheitszentrierte Politik des Betriebsrats. Wenn ich übrigens in einem früheren Diskussionsbeitrag gesagt habe, es müßte erst einmal die Funktionsfähigkeit kollektiver Instrumentarien untersucht werden, dann hatte ich genau die Erarbeitung solcher Befunde im Auge, mit denen sich zeigen läßt, was diese Strukturen zu leisten in der Lage sind und was nicht. Und hier meine ich, daß sowohl das Tarifvertragswesen als auch das betriebsverfassungsrechtliche Arrangement im Hinblick auf den Minderheitenschutz dringend korrekturbedürftig ist.

Nun die ganz kurze Bemerkung, die sich auf etwas bezieht, was Frau Wendeling-Schröder angesprochen hat: die Dimension der Europäischen Betriebsräte. Ich will jetzt nicht auf die Richtlinie eingehen, sondern nur so viel sagen: Ungeachtet vieler Ungereimtheiten im technischen Detail ist damit ein Mechanismus geschaffen worden, der auch für unsere hier diskutierte Thematik große Wirkung entfalten kann. Er zwingt nämlich die Akteure in den verschiedenen von Richtlinien betroffenen Ländern, sich über die Funktion von Arbeitnehmermitwirkung Klarheit zu verschaffen und deshalb sich mit dem auseinanderzusetzen, was außerhalb der jeweiligen Landesgrenzen an Erfahrungen gesammelt wurde. Das führt nicht nur zu größerer Transparenz, sondern vor allem dazu, daß man sich über die Funktionsleistungen alternativer Regelungsmöglichkeiten informiert. Dabei geraten dann auch nolens volens nicht nur die normativen Alternativen, sondern auch die faktischen Unterschiede in Blick. Damit könnte für eine rationale grenzübergreifende Diskussion über die Neustrukturierung des Arbeitsrechts endlich der Boden bereitet werden. Ich sehe darin einen ganz wichtigen spill-over-Effekt der Richtlinie.

Wolfgang Zöllner

Ich möchte eine grundsätzliche Bemerkung machen zunächst zum Freiheitsbegriff. Es ist ja vorhin etwas ironisiert worden, wie Herr Junker geredet hat; man hat gesagt, ja Freiheit, wo ist die denn? Es gibt keine Freiheiten in einem allgemeinen Sinn. Sondern wenn man sinnvoll über Freiheit sprechen will, dann muß man immer fragen: Freiheit – wovon? Das kann natürlich in diesem Zusammenhang nur die Frage der Freiheit von rechtlichem Zwang sein, in einer ganz bestimmten Weise zu entscheiden. Insbesondere kann es keine Freiheit geben von ökonomischen Zwängen. Wer sich einbildet, daß er durch Rechtsnormen von den ökonomischen Zwängen wegkommt, der hängt einer Illusion an. Und das ist in sehr vielen arbeitsrechtlichen Diskussionen nach wie vor gegenwärtig. Man meint, wenn man einer Änderung seine Zustimmung verweigert oder irgend so etwas, daß man damit den ökonomischen Zwängen Widerstand leisten kann. Das Ergebnis solcher Dinge haben wir leider in etlichen Unternehmenszusammenbrüchen erlebt.

Wichtiger ist mir noch etwas anderes: Ich möchte anknüpfen an eine Bemerkung von Herrn Simitis, und da scheinen wir uns dem zu nähern, was hier unter dem schönen Stichwort Paradigmenwechsel von beiden Referenten thematisiert worden ist; ich nehme an oder vielmehr ich hoffe es, Sie haben Ihren Thomas Kuhn gelesen. Es geht um die Frage, welche Bestimmungskräfte den wesentlichen Gehalt des Austauschverhältnisses im Arbeitsrecht determinieren sollen. Herr Simitis hat gesagt, je partikulärer man agiert, desto stärker stehen die partikulären Interessen im Vordergrund anstelle der Gesamtinteressen. Da, Herr Simitis, unterscheide ich mich ganz grundsätzlich von Ihnen. Ich glaube nicht, daß irgendeine Instanz, sie sei der Staat, oder sie sei ein Verband, in der Lage ist, die Gesamtinteressen sinnvoll zu konkretisieren, sinnvoll zu bestimmen. Sondern ich meine, daß das hier genau so ist wie in der Ökonomie, daß die einzelnen Aktionssubjekte dieses Gesamtaustauschverhältnisses viel näher an die ökonomische Wahrheit und an das ökonomisch Mögliche herankommen als die anderen Instanzen. Worum geht es denn? Herr Kittner meinte, er sei polemisch mir gegenüber, er hat gesagt, es geht auf Kostensenkung. Da würde ich ihm indessen ohne Polemik oder Ironie zustimmen, das ist in diesem Zusammenhang ein ganz wesentlicher Punkt, wenn es um Anpassung geht. Allerdings sind es nicht die Kosten allein. Es gibt auch andere Dinge, die nicht unbedingt kostenrelevant sind, die aber, sagen wir einmal, für die Produktionsoptimierung das Wichtigste sind. Nehmen Sie einmal das Beispiel, ob ich vom Zeitlohn auf Akkordlohn übergehe oder auf andere Dinge, ob ich die Entlohnung individueller gestalte oder weniger individuell. Das ist nicht primär kostenrelevant, aber dafür kriege ich eine bessere Produktivität heraus. Und um diese Anpassung geht es auch, und die muß man ermöglichen, sonst liegt man ökonomisch nicht richtig. Sie haben dann gesagt, und in dem Punkt fühle ich mich mißverstanden, ich würde nun mit anderen die Sache so verstehen, daß der Arbeitgeber anpassen können soll, ohne jedes Hindernis. So ist das von mir ganz gewiß nicht gemeint. Auf Anpassungshindernisse kann man selbstverständlich nicht verzichten, sondern das muß in einem ja keineswegs reibungslosen Verfahren erfolgen, in dem auch Gegeninteressen artikuliert und wenn sie stark genug sind, durchgesetzt werden können.

Ich will jetzt mal, damit wir auch von einem konkreten Thema möglichst Konkretes sprechen, auf zwei Punkte kommen. Wenn wir Individualisierung verstehen als eine Aktualisierung und als eine Verstärkung der individuellen Umgestaltungsmittel, und ich will mich dabei auf das Mittel der Änderungskündigung beschränken, dann haben wir doch zwei solcher Anpassungshindernisse, die hier hauptsächlich wirksam werden. Das eine ist der Kündigungsschutz und das andere ist die Mitbestimmung des Betriebsrats. Lassen sie uns ganz konkret zum einen darüber sprechen, wo nun in diesem Bereich der Kündigungsschutz eventuell zu weit geht und wie man da möglicherweise nachlassen kann. Da würde mich gerade interessieren, was Richter dazu sagen. Sie haben bestimmt dazu viel zu sagen. Das andere Anpassungshindernis, die Mitbestimmung, führt zu der Frage, welche Mitbestimmung kann man zurücknehmen. Diese Zurücknahme kann judikativ in zweierlei Weise geschehen, zum einen, indem ich Mitbestimmungstatbestände enger auslege. Das ist ja viel Spielraum, das sind alles Generalklauseln, die im § 87 BetrVG drinstehen. Die andere Möglichkeit ist die, daß ich zwar sage, jawohl Mitbestimmung in gleicher Ansatzbreite wie bisher, aber die Ausübung ist an engere Grenzen gebunden und die Effektuierung dieser engeren Grenzen soll leichter möglich sein als derzeit.

Kleines Beispiel: die berühmte Geschichte mit den Öffnungszeiten der Kaufhäuser. Da haben die einen gesagt, das ist gar kein Tatbestand, der unter § 87 BetrVG fällt, sondern unternehmerische Vorgabe, da kann es insoweit gar keine Mitbestimmung mehr geben. Und die anderen haben gesagt, nein, das fällt schon drunter, der Betriebsrat muß da mitbestimmen, aber er ist an diese unternehmerische Vorgabe, jedenfalls in gewissem Umfang, gebunden. Das sind Beispiele, bei denen man konkret über eine Zurücknahme sprechen könnte. Man würde damit die Individualisierung zwar nicht komplett machen, in dem Sinne wie Sie gesagt haben, widerstandslos alles dem Arbeitgeber anheim geben. Aber man könnte sich vorstellen, daß vielleicht die Anpassung an Marktverhältnisse dadurch erleichtert wird. Denn was gut ist, was im Allgemeininteresse liegt, das ist ungeheuer schwer von Amts wegen festzustellen. Nehmen Sie als Beispiel die Löhne der Bauarbeiter, wenn sie von der Schmutzkonkurrenz aus anderen europäischen Staaten verschont bleiben. Es ist auch zweifellos im Allgemeininteresse, daß sie ihren Arbeitsplatz nicht verlieren durch solche Konkurrenz. Aber auf der anderen Seite ist es doch so, daß der Neubau von Wohnungen und von Wohnungen, die bezahlbar sind, dadurch ohne Frage verteuert und damit erschwert wird. Was liegt denn nun im allgemeinen Interesse, das eine oder das andere? Soll das ein arbeitsrechtlicher Verband definieren oder soll man das nicht doch lieber auch dem Markt überlassen?

Thomas Dieterich

Zunächst eine Vorbemerkung zu der letzten These von Herrn Zöllner zur Freiheit. Freiheit – wovon? fragen Sie. Da stimme ich Ihnen noch zu. Aber erst der nächste Gedankenschritt führt zu unserem Problem. Freiheit können Sie sich nur vorstellen als Freiheit von gesetzlichem Zwang als hoheitlichem Eingriff. Ich setze dagegen die Grunderkenntnis des Sozialstaats, daß Freiheit auch durch gesellschaftliche Kräfte beschnitten wird, die Freiheit also nicht nur durch den Staat eingeschränkt wird, und daß der Staat hier sogar schützend eingreifen muß, und zwar um der Freiheit willen. Das ist natürlich genau der Punkt, wo Sie Probleme haben, Herr Zöllner. Ich gebe Ihnen auch sehr nachdrücklich Recht, daß ökonomische Zwänge wegzudiskutieren und ihnen Grundrechtsartikel entgegenzuhalten Quatsch ist. Die ganze Diskussion zeigt jedoch, daß es breite Gestaltungsspielräume und Anpassungsbedürfnisse gibt, und das ist der zweite Punkt, zu dem ich etwas bemerken will. Heute nachmittag ist viel von »Übergang« gesprochen worden. Herr Simitis hat einen Übergang von der Industriegesellschaft zur Dienstleistungsgesellschaft beschworen. Herr Kohler hat angekündigt, daß Entwicklungen in Amerika auch in Deutschland zu erwarten sind. Herr Junker hat gesagt, wir sollen doch jetzt endlich offensiv an die Übergangszeit herangehen. Ständig wurde ein neues Arbeitsrecht gegen das geltende Arbeitsrecht gesetzt. Völlig aus dem Blick gelassen wurde, daß dies eine Übergangszeit voraussetzt, eine breite Übergangsperiode. Daraus ergeben sich Probleme, für die sich Richter speziell interessieren müssen. Ich habe heute morgen schon gesagt, daß mir das Problem sozialer Frieden besonders wichtig zu sein scheint. Mit Menschen kann man nicht alles machen, und tradierte Formen und Figuren lassen sich nicht einfach abschaffen. Gerade weil auch unbedarfte Gemüter sehr deutlich spüren, daß wir in einer Übergangszeit leben, wachsen ganz erhebliche Ängste, Verkrampfungen und Widerstände. Die sind für den sozialen Frieden in unserem Lande überaus gefährlich. Meine Überzeugung ist, daß Menschen zum grundsätzlichen Umdenken nur bewegt werden können, wenn sie das Gefühl haben, der Wechsel gehe in einem fairen und geordneten Verfahren vor sich. Dieses faire und geordnete Verfahren läßt sich nach meiner Ansicht nur mit Hilfe der tradierten Mitbestimmungsmodelle erreichen, wobei ich das Tarifrecht als eine Form von Mitbestimmung betrachte. Die betroffenen Menschen müssen sich mit ihren Interessen ernstgenommen fühlen und die Vorgänge, die sie belasten, durchschauen können. Deswegen ist es gerade jetzt vollkommen sinnlos und schädlich, kollektive Regelungsmechanismen abzubauen. Wenn Sie also fordern, jetzt sollten sich doch die Gerichte einmal überlegen, ob sie nicht dem Markt zuliebe (etwa im Interesse ausländischer Investoren) die Mitbestimmungstatbestände restringieren müssen, so verkennen Sie nicht nur rechtsstaatliche Kompetenzgrenzen, sondern auch die Hauptaufgabe, die ein Richter zu erfüllen hat, nämlich sozialen Frieden herzustellen, Akzeptanz zu erreichen. Und das kann er nicht, wenn er gerade jetzt Mitbestimmungstatbestände einschränkt, konfliktlösende Verfahren, die sich eingebürgert haben, zurückdreht. Das hielte ich für völlig falsch.

Thomas Kohler

Es tut mir leid, daß mein Deutsch nicht besser ist, denn ich habe sehr viel zu sagen. Ich glaube, Herr Simitis hat zu Recht bemerkt, daß wir uns in einer Übergangszeit befinden. Die Übergangszeit betrifft insbesondere die Dienstleistungsgesellschaft. Aber in den USA führt die Übergangszeit in eine beziehungslose Gesellschaft. Das gilt für Arbeitsverhältnisse wie andere Verhältnisse auch. Dabei frage ich mich, was ist für eine Demokratie notwendig? Diese Frage macht mir Sorge. Freiheit ist natürlich mehr als Freiheit einer Marktwirtschaft. Der Markt sollte eine Demokratie unterstützen. Jedoch Demokratie in den USA ist mehr und mehr ein formaler Begriff. Zum Beispiel betrug die Beteiligung an der Wahl im November weniger als 50 Prozent. Was bedeutet das für uns? Und welchen Zweck hat eine Wirtschaft, eine Ökonomie? Diese Fragen sind ziemlich abstrakt. Aber diese Fragen sind für uns wichtiger als Arbeitsrecht oder Kündigungsschutz. Eine Demokratie beruht auf einer Basis, und – wie Tocqueville bemerkt hat – bei uns ist die Basis eine Sammlung von Gewohnheiten und Einstellungen. Ich denke, die Probleme für eine Demokratie und besonders in den USA werden die Probleme des Individualismus und einer beziehungslosen Gesellschaft sein. Angesichts dieser Herausforderung ist die Frage, was wir jetzt machen sollen und was für eine Sozialpolitik wir haben sollen, von entscheidender Bedeutung.

Ulrich Zachert

Die Diskussion macht auf mich den Eindruck einer Wellenbewegung von ganz fundamental zu sehr konkret und dann wieder grundsätzlich. Ich habe also keine Gewissensbisse mit etwas Konkretem anzufangen, nämlich mit dem Fall Viessmann. Man mag darüber streiten, und man muß darüber streiten, ob die getroffene Vereinbarung wirklich Ausdruck von Selbstbestimmung, von Freiheit und von Privatautonomie ist. Ich meine, es sprechen viele Gründe dagegen und es gibt mehr als ein Indiz, daß sich hinter dem Schleier der Selbstbestimmung tatsächlich das Direktionsrecht des Arbeitgebers verbirgt. Wichtig erscheint mir aber noch darauf hinzuweisen, daß es nicht nur um individuelle Interessen geht. Ausgeklammert bleibt bei dieser Sicht, daß es auch um kollektive Strukturen geht, die ihre Basis in der Verfassung haben, nämlich in Artikel 9 Abs. 3 Grundgesetz, und als deren Ausfluß die normative Wirkung des Tarifvertrages zu sehen ist. Wenn ich den Fall Viessmann sozusagen als Normalität zulasse, das Abweichen von der normativen Geltung des Tarifvertrages als Normalfall, dann provoziere ich Nachfolger und dann stelle ich die Gesamtstrukturen in Frage. Man mag das rechtspolitisch für richtig halten, aber man muß sich über die Konsequenzen im Klaren sein, auch über die verfassungsrechtlichen, wie immer man das begründet, mit dem Günstigkeitsprinzip oder mit anderen Lösungen, etwa nur das Gesetz, den § 77 Absatz 3, BetrVG, zu lockern.

Eine systemkonforme Lösung liegt in dem, – was Michael Kittner andeutete –, organisierten Vergleich, durch Härteklauseln, den es ja gibt. Eine andere Möglichkeit oder sogar Realität, auf die ich vor kurzem gestoßen bin, sind *firmenbezogene Verbandstarifverträge*. Es ist wenig bekannt, daß die Tarifvertragsparteien, zumindest die IG Metall, mit notleidenden Unternehmen derartige Zusatzvereinbarungen abschließt. Der Unterschied zu Viessmann liegt auf der Hand. Die Tarifvertragsparteien sind mit im Boot und die Regelungen sind sehr viel transparenter, zeitlich begrenzt und kontrollierbarer als in diesen, ich sage es mal so, Wildwuchsfällen Schlafhorst, Viessmann, Burda und was es da alles gegeben hat. Letzter Satz dazu: Auch hier ist der Tarifvertrag sehr viel offener, sehr viel flexibler als es in der juristischen Diskussion den Anschein hat. Und wenn es diese Möglichkeiten gibt, und es gibt sie, dann sollten wir nicht ohne Not gewachsene Strukturen über Bord werfen.

Ulrich Preis

Mein jetziger Beitrag ist einem gutgläubigen Zwischenruf von Herrn Weiss zu verdanken. Wenn ich Sie richtig verstanden habe, Herr Weiss, haben Sie als Reaktion auf Herrn Hanaus Vorschlag nun gerade eine gesetzliche Regelung für notwendig gehalten, obwohl Sie kurz vorher vehement gegen irgendeine gesetzliche Regelung votierten. Ich kann insoweit an diese Klarstellung anknüpfen, daß niemand bestreiten wird, daß bei aller Unklarheit gesetzlicher Normfassung das Gesetz ein taugliches Steuerungsinstrument ist und zwar möglicherweise auch und gerade für die Übergangszeit, in der wir uns befinden. Die Steuerung der Individualisierung ist nur möglich, wenn das Arbeitsrecht endlich erkennt, daß es Vertragsrecht ist, ordnungsgemäße Vertragsstrukturen zuläßt und sich dem allgemeinen Konsens im Vertragsrecht anschließt. Dazu gehört auch und zuvörderst, zunächst einmal kodifikatorische Lücken zu schließen. Ich glaube, daß dies ein ganz großer Konsens in Deutschland unter der Mehrheit der Arbeitsrechtler, sogar zweier Bundesländer sein könnte. In diesen Konsens wollen sich nur nicht Arbeitgeberverbände, die Gewerkschaften und Herr Weiss einfügen. Deswegen noch eine Bemerkung zu den Grundvoraussetzungen des Vertragsrechts und der Vertragsstrukturen: Da können wir nicht in einer Art und Weise diskutieren, daß in dem Moment, wo wir Vertragsstrukturen auf das Arbeitsrecht anzuwenden versuchen, etwa bei der Frage der Vertragskontrolle, erwidert wird, im Arbeitsrecht sei doch immer alles anders gewesen. Diese Reaktion ist eine schwache Antwort auf den Versuch, mit Vertragsstrukturen und synallagmatischem Denken im Arbeitsrecht ernst zu machen. Zweite Bemerkung: Wen wollen wir schützen, wer ist Schutzobjekt unseres Arbeitsrechts? Ich bin der Meinung, daß es allein vom Status der Person abhängt, daß allein mit dem Begriff »der Arbeitnehmer« schon der an sich Schutzwürdige erkannt ist. Es war doch eines der Grundprobleme im Arbeitsrecht, daß etwa die Vertragsinhaltskontrolle an ganz untypischen Fällen entwickelt worden ist. Das waren Fälle leitender Angestellter. Mag dies auch Rechtshistorie sein, stellt sich heute die Frage, ob es andere Geltungsbereichsabgrenzungen, andere Zuordnungskriterien gibt. Diese Debatte muß stark geführt werden, auch in der Frage, welche Unternehmen des Schutzes bedürfen, welche Unternehmen arbeitsrechtliche Lasten in welchem Ausmaße zu tragen in der Lage sind. Da ist es wenig einsichtig, daß beispielsweise kleine Betriebseinheiten mit millionenschweren Umsätzen und mit großem Know-how freier gestellt werden als Unternehmen, die vergleichbare Umsätze haben, nur mit weniger Mitarbeitern. Es ist daher die Frage, ob die Anzahl der Mitarbeiter überhaupt noch das richtige Kriterium ist, um sinnvoll abzugrenzen.

Ich bin der Meinung, daß mit einem geordneten Vertragsrecht, so wie es sich im allgemeinen Zivilrecht entwickelt hat, durchaus ein vernünftiges Schutzminimum erreicht werden kann. Damit ist allerdings die Kernfrage für die Sozialversicherungssysteme überhaupt noch nicht gelöst. Da liegt der viel größere Sprengstoff für unsere Thematik: Wie sichern wir Beschäftigte vor sozialen Risiken, vor denen sie sich nicht selber schützen können? Der Grundgedanke der Sozialversicherung, der sich dann auch auf neue Selbständige und neue Arbeitsformen erstrecken müßte, würde möglicherweise auch die Debatte um die Zuordnung zum Arbeitsrecht etwas entlasten.

Der letzte Punkt, den ich erwähnen will, ist die Problematik der Veränderung gesetzlicher Instrumente. Ich stimme Herrn Zöllner zu, daß es nicht sinnvoll sein kann, daß es ungleich viel schwerer ist, Verträge sinnvoll anzupassen, als sie vollständig zu beenden. Vor dieser Problematik steht das Arbeitsrecht momentan. Die Rechtsprechung ist hier sehr festgelegt. Auch solche Dinge kann man durch geordnete gesetzgeberische Maßnahmen steuern. Hierfür stellt das Gesetz aber keine Instrumente zur Verfügung. Das arbeitsrechtliche Beschäftigungsförderungsgesetz geht genau den falschen Weg und fördert nicht die Anpassung der Arbeitsbedingungen, sondern die kostengünstigen Massenentlassungen.

Michael Blank

Ich beziehe mich auch noch einmal auf den letzten Beitrag von Herrn Zöllner. Es geht um Anpassung an ökonomische Sachzwänge, es geht darum, Arbeit für die Unternehmen billiger zu machen, sagten Sie. Das ist der eine Aspekt. Ihre These war, daß der Individualvertrag Anpassungsleistungen erleichtert. Ich will ein Gegenbeispiel bringen. Es betrifft zwar den altmodischen Bereich der Industrie, dem hier manche schon Abgesänge erteilen, wozu ich aber immer noch meine: zu früh. Die größte Anpassungsleistung in der Industrie, in den industriellen Arbeitsbeziehungen der letzten Jahre, ist immer noch die Umstellung auf Gruppenarbeit. Das ist ein Prozeß, der gewaltige Rationalisierungspotentiale freigesetzt hat, in der ersten Phase bis zu 20 Prozent in einem Jahr, teilweise sogar noch höher. Das ist ein Prozeß, der darüber hinaus die industriellen Beziehungen von Grund auf revolutioniert. Ohne die Leistung der Betriebsräte wäre diese Entwicklung überhaupt nicht denkbar gewesen. Das hätten die Unternehmen auf der Grundlage des Individualvertrages niemals hinbekommen. Nicht nur wegen der Problematik der Änderungskündigung, sondern aus einem ganz einfachen Grund, weil das Vertrauen der Arbeitnehmer in diese Umstellung der Arbeitsstrukturen überhaupt nicht da gewesen wäre. Wir haben hier also in relativ kurzer Zeit reibungslos eine industrielle Kulturrevolution vollzogen, die weitgehend gar nicht bemerkt worden ist. Die Anpassungsleistungen der kollektiven Regelungssysteme sind jedenfalls dort, wo wir immer noch Großbetriebe haben und industrielle Produktionsweise, immer noch sehr groß.

Hans-Jürgen Dörner

Ich möchte auch anknüpfen an das, was Herr Zöllner zum Thema Anpassung an ökonomische Sachzwänge gesagt hat, zumal er auch gerne mal die Richter hierzu hören möchte. Deswegen habe ich mich gemeldet. Herr Dieterich hat schon seinen Teil dazu beigetragen und hat mich auch aufgerufen und gemeint, ich würde das vielleicht etwas anders sehen. Das ist in der Tat so, obwohl sich unsere Standpunkte bei der abschließenden Bewertung wohl wieder annähern, auch von Herrn Preis ist jetzt noch einmal als Beispiel genannt: Da könnten Richter doch etwas durch Rechtssprechungsänderung bewegen, ändern. Ich denke mal, das ist zu einfach, jedenfalls nach meinem Selbstverständnis einer richterlichen Tätigkeit, und danach bin ich gefragt worden. Wenn ich einen Sachverhalt zur Beurteilung bekomme und ihn entscheide, dann spreche ich Recht. Und zwar Recht, so wie ich es in dem Moment erkenne. Und nun kann ich nicht, weil ökonomische Zwänge vorliegen, einfach sagen, das Gegenteil oder etwas Abweichendes oder etwas nur leicht Abweichendes ist von jetzt an Recht. Eine Änderung der Rechtsprechung kann überhaupt nicht stattfinden, wenn in diesem Bereich, den Herr Dieterich genannt hat, der soziale Friede gefährdet ist. Dann ändere ich als Richter aber nicht das Recht, sondern ich muß dann einräumen, daß das, was ich vorher als Recht erkannt habe, gar nicht das Recht war. Und deswegen kann ich nicht – ich möchte fast sagen – opportunistisch mit dem Recht umgehen, indem ich erkläre, heute ist dieses und morgen ist jenes rechtens. Und deswegen erscheint auch die Rechtsprechung und ihre Änderung so schwerfällig. Wenn Herr Preis sagt, der Zweite Senat könne seine Voraussetzungen zur Änderungskündigung verändern, so ist das selbstverständlich richtig, daß man darüber nachdenken könnte. Aber immer in dem Rahmen, ob das Recht früher verkannt war. Ich kann nicht einfach sagen, ich ändere das mal eben.

Wolfgang Zöllner

Ich beginne mit der Bemerkung, daß ich mir nichts von einer ganz grundsätzlichen Veränderung des Arbeitsrechts verspreche. Das wird Sie vielleicht überraschen. Wer der Vorstellung anhängt, weil wir jetzt in einer Übergangszeit sind, oder weil wir vielleicht sogar schon bei der Dienstleistungsgesellschaft angekommen sind, könnten wir ein neues Arbeitsrecht einfach installieren, liegt falsch, selbst wenn ein solches in vernünftiger Form in Sicht wäre. Wir müssen vielmehr versuchen, in kleinen, nicht zu weitgehenden Schritten das Notwendige zu tun. Aber durchaus in Richtung auf etwas mehr Individualisierung, und zwar auch auf Instrumentierung eben der individualrechtlichen Veränderungsmittel. Wir können auf die nicht verzichten. Ich will aber selbstverständlich nicht die Kollektivverträge deswegen beiseite schieben oder in ihrer Funktion völlig zurückdrängen. Die Veränderung oder Anpassung von Arbeitsbedingungen durch kollektive Verträge hat ihre großen Vorteile. Die Unternehmer machen gar nichts lieber, da haben Sie völlig Recht, Herr Blank, wenn das geht, durch Betriebsvereinbarung anzupassen, oder wenn die Gewerkschaft mitmacht, auch durch einen Tarifvertrag. Wenn Sie an die in jüngerer Zeit viel besprochene Problemstellung denken, daß Unternehmen Betriebe ausgliedern, um einen neuen Tarifbereich für sie zu schaffen, da geht es dann auch um die Frage, wie man die Arbeitsbedingungen in dem tarifrechtlich nicht mehr oder anderweitig gebundenen Betrieb sinnvoll anpaßt. Die Unternehmer haben da einen Horror vor der Änderungskündigung. Jeder Unternehmer sagt, wenn es um Anpassung geht: bloß möglichst keine Änderungskündigung. Nur dürfen wir nicht verkennen, daß es viele Fälle gibt, in denen sich die kollektiven Instanzen gegen eine solche anpassende Veränderung sperren. Und dann darf ich vielleicht doch noch einmal in Erinnerung bringen, daß es in nicht wenigen Betrieben keine Betriebsräte gibt. Auch dort muß ja ein individuelles Anpassungsinstrument zur Verfügung stehen. Man wird dort nun nicht etwa antworten können, der Arbeitgeber könnte ja den Betriebsrat ins Leben rufen und sich auf diese Weise das Instrument schaffen. Ich finde, die

Vielfalt der Arbeitswelt, wie wir sie jetzt haben, hat auch ihre Vorteile. Ich sage zum Beispiel meinen Studenten immer: das kann nur schlecht funktionieren. (Das ist eine Scherzerklärung, in ein Protokoll gehören auch Scherzerklärungen.) Wenn ich demgegenüber sage, das interessiert mich nicht, wir haben Instrumente und die funktionieren in 75 Prozent der Fälle, das ist genug, die anderen 25 Prozent vergessen wir, dann brauchen wir nicht weiter zu diskutieren. Aber wenn es die Fälle, in denen ich auf individuelle Anpassung nicht verzichten kann, gibt, dann muß ich wohl fragen, ob die Erschwerung dieser Anpassung nicht durch bestimmte rechtliche Anforderungen vielleicht zu weit getrieben ist. Und wenn diese Anforderungen, Herr Dörner, nicht im Gesetz stehen, sondern durch richterliche Interpretation oder Konkretisierung von Generalklauseln usw. vorgenommen worden ist, dann stehen wir bei der wirklich interessanten methodischen Frage der Korrektur von Richterrecht. Ich bin besonders dankbar, daß Sie so offen gesagt haben, was Sie bewegt, das nehme ich ernst. Die Konkretisierung von Generalklauseln anderer Art, wie § 138 oder § 242 BGB, hat sich ja wegen ihrer viel, viel breiter gespannten Anwendbarkeit natürlich in einem viel weiter ausgedehnten Prozeß entwickelt. Sie kennen sicher die Schrift von Wieacker über die rechtstheoretische Präzisierung von § 242 BGB, wo er die Herausbildung der Fallgruppen und ähnliches beschrieben hat. Ich habe das eigentlich nie so verstanden, daß das eine Einbahnstraße ist. Und ich habe es nie so aufgefaßt, daß nur bei ganz gravierenden Voraussetzungen der Richter von dem, was er mal an solchen Konkretisierungen statuiert hat, nicht mehr zurück kann, sondern er kann sagen: heute bin ich besserer Einsicht. Das haben Sie ja auch so ähnlich formuliert, und diese bessere Einsicht, warum sollte die nicht ausreichen, daß ich erkenne, ein solches Anpassungsbedürfnis besteht. Und das kann, wie Herr Preis das völlig richtig gesagt hat, unmöglich erst der Moment sein, wo der Betrieb kurz vor der Insolvenz steht. Es muß doch genügen, wenn dargelegt wird, daß in vielen Unternehmen nun, wenn die Arbeitsbedingungen geändert werden sollen, daß dafür irgendein ökonomisches oder technisches Bedürfnis besteht. Dann brauche ich mich doch nur zu fragen, ist das nun unzumutbar für den anderen, daß ich das so ändere, oder kann ich mir noch andere Formen vorstellen. Aber das wäre ja nun der Punkt, den man zu diskutieren hat, das wäre eigentlich die konkrete Arbeit, das von Kittner uns so wie seinerzeit Johann Sebastian Bach von Friedrich dem Großen vorgegebene Thema, über das er eine Fuge spielen sollte, nicht wahr, das wäre eigentlich unter diesem Thema zu leisten. Wir wissen, daß Bach die von ihm geforderte sechsstimmige Fuge nicht improvisieren konnte, sondern das hat er dann erst zu Hause schriftlich gemacht und hat es dem König gewidmet. Und so läuft das vielleicht jetzt bei uns auch, daß wir noch ein bißchen genauer nachdenken müssen, und überlegen, wo so eine Generalklausel zur Änderungskündigung vielleicht doch noch etwas sinnvoller gefaßt werden kann. Und ich meine auch etwa die Generalklausel § 87 Nr. 10 oder § 87 Nr. 11 BetrVG. Wenn da ein konkretisierender Grundsatz existiert zu der Frage, was mitbestimmungspflichtig ist und man kommt zu dem Ergebnis, daß man damit schon sehr weit in das hineingeraten ist, was der Unternehmer eigentlich aus unternehmerischen Gründen allein zu entscheiden hat, dann muß man sich überlegen, ob man nicht etwas erfinden kann, was das wieder ein Schrittchen, einen Popper'schen kleinen Schritt, zurücknimmt, der die Dinge in ein ökonomisch besseres Verhältnis bringt.

Hans-Jürgen Dörner

Zwei Sätze dazu: also Herr Zöllner, das ist ja der Sinn der Veranstaltung. Ich gehe nach Hause, denke nach und werde sicherlich nichts produzieren wie Herr Bach, dazu bin ich nicht in der Lage. Aber nachdenken will ich gerne. Und natürlich, solange Sie gesprochen haben, habe ich schon nachgedacht. Ich habe es vorhin bewußt so pointiert gesagt, es gibt sicher Grauzonen, in denen Rechtsprechungsänderungen leichter möglich sind.

Widersprechen will ich aber dem Vergleich zu § 138 und § 242. Der Mitbestimmungskatalog des § 87 BetrVG enthält sicher keine Generalklauseln wie diese Vorschriften, sondern wir haben verhältnismäßig feste Tatbestände, die auszulegen sind. Und wenn der Richter nach langem Ringen und Überlegen zu einer Auslegung gekommen ist, dann kann man nicht unter dem geringsten ökonomischen Druck die Auslegung ändern. Mehr will ich nicht sagen. Daß man darüber ständig nachdenken muß, ob das, was man damals oder auch jetzt für Recht gehalten hat, noch immer richtig ist oder nicht, ist unsere ständige Aufgabe, und deswegen sind wir ja auch nicht statisch mit unserer Rechtsprechung.

Renate Jaeger

Die Meinung, daß man sich, wenn einmal die Auslegung eines weiten Begriffs gefunden ist, davon auch wieder lösen kann, kann man als Lehrer des Rechts leicht vertreten, weil man nur sich selbst überzeugen muß. Hingegen wenn man Richter ist und eine Entscheidung vorgefunden hat, dann wird man die Kollegen mit davon überzeugen müssen, nicht etwa nur davon, daß die andere Auslegung auch vertretbar ist. Das wäre ja leicht. Man muß überzeugen, daß die vorherige falsch war. Das heißt, man hat eine viel höhere Hürde zu nehmen. Und ich denke, das sollte man immer, wenn man Rechtsprechung und ihre langsame Entwicklung kritisiert, im Auge behalten.

Thomas Kohler

Kurz und konkret: Wie Sie wissen, übt kollektives Arbeitsrecht seit einiger Zeit in den Vereinigten Staaten immer weniger Einfluß aus. Seit den siebziger Jahren wird individuelles Arbeitsrecht bei uns immer wichtiger. In jüngster Zeit ist aber der Trend: Privatisierung des individuellen Arbeitsrechts. Das bedeutet, daß viele Fragen ins Privatarbeitsrechtliche gegangen sind. Statt der Gerichtsbarkeit und einer Entscheidung des Richters ist das Schiedsverfahren immer mehr der Ersatz. Das gilt für fast alle Fragen zum Arbeitsverhältnis, zum Beispiel Geschlechts-, Alters- und Rassendiskriminierung, unfaire Entlassung (wrongful discharge), usw. Wie kommt das? Als Gegenleistung für seinen Arbeitsplatz verlangt der Arbeitgeber vom Arbeitnehmer, alle seine gesetzlichen und vertraglichen Ansprüche einem Schiedsgericht zu unterbreiten. Diese Arten von Schiedsvereinbarungen werden von den Gerichten gebilligt und sind rechtlich erzwingbar. Sie sind unwirksam auf Grund der wirtschaftlichen oder sozialen Überlegenheit des Arbeitgebers. Manche üben Kritik an dieser Entwicklung aus mehreren Gründen, aber das Schiedsverfahren wird immer populärer bei den Arbeitgebern und vielleicht auch bei den Richtern. Die möglichen Nachteile des Schiedsverfahrens für nicht gewerkschaftlich organisierte Arbeitnehmer sind klar: Im allgemeinen ist die Schiedsvereinbarung nicht das Ergebnis einer Verhandlung zwischen den Parteien. Demzufolge ist der Arbeitgeber ziemlich frei, den Schiedsvertrag selbst zu gestalten. Weil das Schiedsverfahren völlig privat ist, teilen sich der Arbeitgeber und der Arbeitnehmer oft die Kosten. Außerdem ist die gerichtliche Überprüfung des Schiedsspruchs begrenzt.

Das Schiedsverfahren bringt aber auch Vorteile. Es kann bedeutend billiger, schneller und einfacher als ein Prozeß sein. Also besteht die Möglichkeit, daß das Schiedsverfahren die schlecht bezahlten Arbeitnehmer begünstigen könnte – mal sehen. Die Re-Individualisierung der Arbeitsbeziehungen haben wir schon erlebt. Wohin der Trend Privatisierung des Arbeitsrechts führt, wissen wir noch nicht.

Ulrich Preis

Nur als Klarstellung, Herr Kittner, zum Thema Änderungskündigung: Es ist doch ein Widersinn, daß bei der betriebsbedingten Beendigungskündigung der Unternehmer kein Rentabilitätsinteresse nachweisen muß und bei der Änderungskündigung die höchsten Anforderungen gestellt werden. Mir geht es allein darum, die Maßstäbe anzugleichen, d. h., die Beendigungskündigung zu erschweren und die Änderungskündigung zu erleichtern. Damit würde das Ziel erreicht, das wir alle haben, nämlich Beschäftigung zu sichern, wo sie gesichert werden kann. Es geht auch keineswegs darum, ein Tor aufzumachen, um jederzeit in das Synallagma eingreifen zu können. Das wäre dem Vertragsdenken ganz zuwider. Die Änderungskündigung unterfällt ja auch dem Ultima-Ratio-Grundsatz. Es wird ja heute schon geprüft, ob, etwa wenn es um Kostenreduktion geht, der Arbeitgeber alle vorrangigen Maßnahmen durchgeführt hat. Wie sind die Kostenstrukturen im Betrieb? Hat das Unternehmen dort irgendwelche Aktivitäten zur Kostenreduktion unternommen? Sind vorrangig variable Vertragsbestandteile überprüft worden? Erst wenn alle diese Mittel ausgeschöpft sind, hat eine Änderungskündigung Aussicht auf Erfolg. Ich stimme mit Herrn Zöllner überein, daß das kollektivrechtliche Instrumentarium (Betriebsvereinbarung und Tarifverträge) das erste Mittel für derartige Anpassungen sind. Aber wir haben eben breite Betriebs- und Unternehmensstrukturen, wo man mit Kollektivverträgen nicht helfen kann. Und dort ist eben die Realität in der Unternehmensberatungspraxis, daß die Unternehmensberater, die wir nicht schätzen, eher empfehlen, »die Bude zuzumachen«, als die Anpassung zu probieren. Ich glaube, daß wir uns dieser Problematik einfach im Bereich des individuellen Arbeitsrechts stellen müssen. Darum ging es mir.

Peter Hanau

Wenn man gegen Ende redet, muß man versuchen, die Dinge zusammenzufassen. Und das will ich in zwei Punkten tun. Ein Ergebnis, das wir hier offenbar erzielt haben, ist, daß kollektive Anpassungsmechanismen besser sind als individuelle. Sie sind wirksamer, und sie sind gerechter. Deshalb wäre es ein großes Postulat, die kollektiven Möglichkeiten, die in unserer Rechtsordnung angelegt sind, um Übergangsprozesse zu bewältigen, zu stärken. Und da liegt ganz quer die Anerkennung des Günstigkeitsprinzips in der Betriebsverfassung. Damit hat man nämlich ein ganz wichtiges Anpassungsinstrument, die Betriebsvereinbarung, lahmgelegt gegenüber früher individuell verfestigten Abmachungen. Zum Glück hat man das Schlupfloch der Betriebsvereinbarungsoffenheit gelassen. Das ist also insofern genau die falsche Entscheidung gewesen.

Das zweite ist die Frage, die zum Glück gekommen ist, was ist nun der Beitrag der Rechtsprechung zum Anpassungsprozeß? Herr Dörner, ich fand ein bißchen komisch, was Sie gesagt haben. Sie sitzen neben Herrn Dieterich, der nun berühmt ist für die Geschwindigkeit, mit der sein Senat Rechtsprechung ändert. Da gibt es im Arbeitsrecht etwas ganz einfaches. Arbeitsrecht will Arbeitnehmern nützen. Nehmen Sie 613 a BGB, und nehmen Sie die Kündigung wegen Betriebsübergang. Zunächst handhabte man das strikt: Man kann nicht kündigen oder schwer, um den Betriebsübergang zu ermöglichen, den Betrieb zu sanieren. Wenn die Rechtsprechung nun erkennt, so wie wir es bisher gemacht haben, verfehlt die Vorschrift ihren Arbeitnehmerschutz, sie vernichtet Arbeitsplätze, dann muß sie sich geradezu ändern. Und wir haben ja jetzt diese Entscheidung Berliner Zigarettenfabrik, wo man doch das Tor weiter aufgemacht hat, weil man eben erkennt, in der heutigen Lage ist das nötig. Und auf diesen Nenner kann man es, glaube ich, bringen; der Schutzzweck des Arbeitsrechts selbst erfordert dann solche Anpassungsmechanismen, die man auch mehr oder weniger offen aussprechen kann.

Schlußwort Ulrike Wendeling-Schröder

Ich hoffe, es wird allgemein so gesehen, daß das Privileg des Schlußwortes darin besteht, nicht zu versuchen, das Ganze inhaltlich zu resümieren. Jedenfalls bin ich dazu nicht mehr in der Lage. Ich möchte deshalb nur etwas allgemeine abschließende Bemerkungen machen. Michael Blank hat in bezug auf die Gruppenarbeit von der »unbemerkten Kulturrevolution« geredet. Ich denke, unsere Diskussion hat dazu geführt, daß wir den Übergang von der Industriegesellschaft zu wem auch immer, jedenfalls nicht als *unbemerkte* Kulturrevolution erleben werden. Wir sind mit großem Bewußtsein für die Umbrüche und die Schwierigkeiten in diese Diskussion hineingegangen. Was sich noch nicht so ganz klar abgezeichnet hat, ist, was da nun als neue Kultur entsteht. Aber das ist ja das typische einer Kulturrevolution.

Ein paar Punkte sind aber, meine ich, in den Grundstrukturen deutlich geworden: Es ist deutlich geworden, daß der ökonomische Zwang eine neue Rolle spielt. Fraglich ist aber, wie wir uns und wie weit wir uns darauf einlassen können und sollen. Ich meine, eine Gesellschaft, die sich im wesentlichen daran orientiert, ökonomische Zwänge normativ nachzuzeichnen, wird jedenfalls langfristig nicht auf Akzeptanz stoßen.

Auf der anderen Seite ist so etwas wie Konsens darüber entstanden, daß man nicht alles um jeden Preis erhalten kann. Die Frage ist, in welcher Form man Anpassungsleistungen erbringt. Die Grauzone ist also groß, mit der wir konfrontiert sein werden. Es wird unsere Aufgabe sein, diese zu vermessen. Es wird unsere Aufgabe sein, Instrumente zu suchen und bestehende Instrumente zu verändern, und ich kann vielleicht mit dem Fingangsstatement von Herrn Zöllner schließen, »in kleinen Schritten das Nötige tun«. Ich glaube, genau so wird man sinnvoll in dem Zusammenhang vorgehen. Vielen Dank.

Schlußwort Abbo Junker

Ich habe das ganz seltene Privileg, das letzte Wort zu haben. Ich möchte es nicht mißbrauchen und alle Kontroversen aus meinem Schlußwort heraushalten, damit wir wirklich gleich aufbrechen können. Ich will abschließend nur drei Punkte hervorheben. Die ganze Diskussion hat gezeigt, daß der ökonomische Zwang stärker denn je auch unser arbeitsrechtliches Denken beeinflußt. Inwieweit wir dem nachgeben müssen, ist hier sicherlich kontrovers. Es ist aber eine Illusion zu glauben, daß man auf Dauer den wirtschaftlichen Zwängen ausweichen kann. Zweite Überlegung: Das kollektive Instrument ist sicher nicht etwas, das wir auf Nimmerwiedersehen verabschieden können. Es ist sicherlich ein nützliches Instrument, in Teilen auch ein marktliches Instrument der Änderung von Arbeitsbedingungen. Aber wir müssen uns stärker auf die Fälle konzentrieren, in denen das kollektive Instrument nicht funktioniert, nicht richtig funktioniert oder zu spät funktioniert. Dritter Punkt: Die Diskussion hat auch gezeigt, daß Arbeitsrecht eben doch Vertragsrecht ist. Es ist falsch, daß Vertragsinstrumente mit dem Arbeitsrecht überhaupt nichts zu tun haben. Hier ist auf einen Prozeß zu hoffen, der vielleicht wirklich mit einem »Re-« beginnen kann, zurück zu privatrechtlichen Grundvorstellungen des Arbeitsrechts. Aber das ist ein ganz anderes Thema. Vielen Dank.

Verzeichnis der Teilnehmer

Prof. Dr. Abbo Junker, Universität Göttingen (Seiten 11 ff., 96 ff., 134 ff., 164)

Prof. Dr. Ulrike Wendeling-Schröder, Universität Hannover (Seiten 59 ff., 99 f., 132 f., 163)

Dr. Michael Blank, Justitiariat der IG Metall, Frankfurt am Main (Seiten 5, 93 f., 116 f., 153)

Prof. Dr. Thomas Dieterich, Präsident des Bundesarbeitsgerichts, Kassel (Seiten 87, 110 f., 146 f.)

Hans-Jürgen Dörner, Vorsitzender Richter am Bundesarbeitsgericht, Kassel (Seiten 154, 158)

Prof. Dr. Dres. h.c. Peter Hanau, Universität Köln (Seiten 112 ff., 139 f., 162)

Renate Jaeger, Richterin am Bundesverfassungsgericht, Karlsruhe (Seiten 95, 128, 159)

Prof. Dr. Michael Kittner, Geschäftsführer der Otto Brenner Stiftung (Seiten 137 f.)

Prof. Dr. Thomas C. Kohler, Boston College Law School (Seiten 129 ff., 148, 160)

Prof. Dr. Heide M. Pfarr, Geschäftsführerin der Hans-Böckler-Stiftung, Wissenschaftliche Direktorin der WSI in der Hans-Böckler-Stiftung, Düsseldorf (Seiten 118 ff.)

Prof. Dr. Ulrich Preis, Fern-Universität/Gesamthochschule Hagen (Seiten 92, 103, 151 f., 161)

Prof. Dr. Dr. h.c. Spiros Simitis, Universität Frankfurt (Seiten 85 f., 101 f., 125 ff.)

Prof. Dr. Manfred Weiss, Universität Frankfurt (Seiten 83 f., 108 f., 141 f.)

Prof. Dr. Ulrich Zachert, Hochschule für Wirtschaft und Politik, Hamburg (Seiten 89 ff., 122 f., 149 f.)

Prof. Dr. Wolfgang Zöllner, Universität Tübingen (Seiten 81 f., 104 ff., 124, 143 ff., 155 ff.)